语文课堂有效教学研究

王智敏　毛德松　王昌波　主编

汕头大学出版社

图书在版编目（CIP）数据

语文课堂有效教学研究 / 王智敏，毛德松，王昌波
主编. -- 汕头：汕头大学出版社，2019.4
ISBN 978-7-5658-3951-1

Ⅰ. ①语… Ⅱ. ①王… ②毛… ③王… Ⅲ. ①语文课
－课堂教学－教学研究－中小学 Ⅳ. ①G633.302

中国版本图书馆 CIP 数据核字(2019)第 072749 号

语文课堂有效教学研究

YUWEN KETANG YOUXIAO JIAOXUE YANJIU

主　　编：王智敏　毛德松　王昌波
责任编辑：李金龙
责任技编：黄东生
封面设计：瑞天书刊
出版发行：汕头大学出版社
　　　　　广东省汕头市大学路 243 号汕头大学校园内　　邮政编码：515063
电　　话：0754-82904613
印　　刷：北京军迪印刷有限责任公司
开　　本：710 mm×1000 mm　1/16
印　　张：7.5
字　　数：100 千字
版　　次：2021 年 3 月第 1 版
印　　次：2021 年 3 月第 1 次印刷
定　　价：48.00 元
ISBN 978-7-5658-3951-1

前　言

　　小学教育是我国正规教育的最初学段，是基础教育的重要组成部分。小学语文作为小学教育中的工具学科，是基础中的基础。当前小学语文课堂教学尽管在新课程改革的影响下，比较重视小学语文工具性和人文性的结合了，但是传统的知识本位和考试本位的评价体系并没有得到根本性的改变，"教什么"和"怎么教"这两个问题都让一线的语文教师感到有些迷茫，表现出的小学语文课堂教学缺乏创新理念、缺乏创新设计的状况没有得到根本性的变革。同一课、同类课甚至跨学科的小学课堂教学的竞相模仿，各学科、同学科内不同的课型特点把握不到位。而部分老教师由于思维定势或职业倦怠，常规课上比较应付，发现问题不够及时，教学反思浮于表面。新教师大多师承老教师，在教学上对新课程改革的精神理解上有偏差，实施时有困难。课程改革的关键在于课堂。在新课程改革的进一步推进下，人们越来越关注学生在课堂上是否进行有效的学习，如何设计、组织、实施、落实有效的课堂教学。小学学段的基础性、语文学科的工具性、班级授课的普遍性、有效教学的重要性表明，对小学语文有效教学进行研究具有重要的理论价值和现实意义。

　　中华文化博大精深，源远流长，而古诗文更是中华文化宝库中的瑰宝。古诗文对小学生弘扬中华文化、提高语文素养具有不可或缺的重要作用。当今语文教学中，古诗文教学一直是一线教师犯难的内容，如何选择合宜的教学内容实现各学段有效教学成为首要问题。

　　随着时代经济的快速发展和产业文明的不断进步，职专教育日益步入了高速发展的轨道，并被寄予更高、更多的期望。以人为本的职专教育价值观要求职专教育重新审视人的全面发展与职专教育的关系。这种价值观以促进人的全面发展为第一价值，将关注人本身、关注人的生存与发展、关注人的心灵深化和觉醒与技能和谋生教育并举，并以前者的充分发展作为后者得以提升的前提。同样，可持续发展观观照下的职专教育要求职专学校必须培养具备主体精神和可持续发展及应用能力的新型人才。从这个意义上来讲，语文作为职专教育领域中最重要的人文学科，其教育教学在面向未来的职专教育中具有责无旁贷的责任和非常重要的意义。

语文学科特殊的工具性和人文性的功能和内涵使语文教育能够通过提高学生掌握运用民族语言的能力，帮助学生继承和汲取中华民族优秀的文化传统，锤炼学生的思想，提升学生的精神涵养，培育健康的人格。小学教育和职专教育中的语文教育教学能提高学生的全面素质，对于学生学好各科知识，形成综合能力、创造能力以及继续学习和发展具有重要的作用。

目　录

第一章　小学语文课程

第一节　小学语文课程的性质

一、语文课程

（一）语文的含义

"语文"这一概念的含义，不同的人有不同的理解，有的理解为"语言文字"，有的理解为"语言文章"，还有的理解为"语言文学"甚至"语言文化"，可谓众说纷纭，莫衷一是。表面上看，这种种解释在"语言"这一点上是有着共识的，其分歧主要在对"文"的理解上，似乎只是一字之差，但实际上与语文的本质相去甚远。

（二）课程

在我国，"课程"一词始见于唐。唐代孔颖达在《五经正义》里注释《诗经·小雅》时说："以教护课程，必君子监之，乃得依法制也。"此处"课程"的意思即以一定程序来授事。宋代朱熹在《朱子全书·论学》中也多次使用"课程"一词，如"宽著期限，紧著课程"，又说"小立课程，大做工夫"。这里的"课程"已有课业、进程的意思。

在国外，"课程"一词是从拉丁语"currere"一词派生出来的，意为"跑马道"，指赛马场上的跑道，后转义为"学习过程"。1861 年，英国教育家斯宾塞在他的《教育论》——《什么知识最有价值》一文中最早使用"课程"一词，他把教育内容的系统组织统称为"课程"。课，指课业，即教育内容；程，指程度、进程。课程，就是学生所应学习的学科总和及其进程和安排。

当前，国内对课程普遍认同的定义为：课程是为了实现学校教育目标而规定的教育内容的总和。

二、小学语文课程的性质

（一）工具性

1.语文是交际和交流思想的工具

列宁说："语言是人类最重要的交际工具。"斯大林说："语言是工具、武器，人们利用它来互相交际、交流思想，达到互相了解。"人与人之间进行的多方面的交际，如面谈、打电话、写信、发表文章等，种种交际方式都离不开语文这个最重要的交际工具。学习语文，可以逐步提高听、说、读、写能力，逐渐养成良好的语言习惯，使日常交际能更顺畅、更有效地进行。

2.语文是思维和开发智力的工具

思维主要依凭语言进行。思维力是智力的核心，智力的高低在很大程度上取决于思维力的强弱，思维的发展势必会促进智力的开发。而思维的发展又必须借助语言的训练。正如爱因斯坦所言："个人的智力发展和他形成概念的方法，在很大程度上是取决于语言的。"在学校语文教育中，对学生进行有效的语言训练，也就是进行思维训练，其结果必然会促进学生智力的开发。

（二）人文性

语文是一种工具，不过它和锄头、刨子等其他工具又有不同，它是人们表情达意的工具。人们为了抒发某种情意，或仰天呼叫，或低头自语，或吟诗作赋，或书写日记，这种种表情达意的方式都是以语言为工具进行的。这种凭借语言文字表情达意的能力，正是语文课程所要达成的目标之一。语文，既是文化的载体，也是人类文化的重要组成部分。

第二节　小学语文课程的基本理念

一、语文课程标准

课程标准也称为"教学大纲""课程纲要"，是国家教育行政部门制定的语文教学的指导性文件。它是根据国家教育行政部门颁布的课程计划（也称教学计划）制定的，体现了国家对语文教材和教学的基本要求。中华人民共和国成立至今，我国已于 1950 年、1956 年、1963 年、1978 年、1992 年、2001 年、2011 年颁布了 8 部小学语文教学大纲（标准）。其中，2001 年 7 月，国家颁布了《全日制义务教育语文课程标准（实验稿）》，2011 年 11 月，国家又颁布了《全日制义务教育语文课程标准》（以下简称《语文课程标准》）。

《语文课程标准》的功能主要有 3 个方面：

（一）编写教材的依据

语文教材是实施《语文课程标准》的一个重要载体。《语文课程标准》对教材编写提出了 9 条建议，涵盖了教材编写的指导思想、教材的内容和教材的形式等，集中体现了教材编写的新理念、新要求。

（二）教师教学的准则

《语文课程标准》对教师的教学提出若干条建议，既有总的教学建议，又有具体教学实施方法建议，涵盖了语文课程的所有教学内容，体现了教师教学的新理念、新要求。

（三）检查教学效果的重要标尺

《语文课程标准》从语文学科的角度规定了人才培养的具体规格和质量要求，有总目标也有阶段目标。这既是教师教和学生学的标准，同时也是考核教师教的效果和学生学的效果的标准，其具有很强的甄别鉴定功能。

二、小学语文课程的基本理念

（一）全面提高学生的语文素养

1.语文教学对象的全体性

九年义务教育阶段的语文课程是为全体学生设计的，不是为少数尖子学生设计的。例如，热爱祖国语文的思想情感是每个公民都应该具备的基本品质。因此，在语文教学中，应该把培育学生热爱祖国语文的思想情感作为首要目的，使爱国主义教育在语文教学中得到具体落实。

2.语文素养培育的全面性

语文素养是一个公民最基本的素养。语文素养的内涵十分丰富，它以促进学生德、智、体、美和谐发展为根本目的，以培养学生语文综合实践能力为核心，是语文能力和语文知识、思想情感、语言积累、语感、思维品质、品德修养、审美情趣、个性品格、学习方向、学习习惯的有机整合。

3.处理好语文素养培育的基础性与学科性的关系

目前对"语文素养"内涵的认识，存在着两种倾向：一种是对"语文素养"的界说比较宽泛，把"语文素养"当作一个"筐"，什么东西都可以往里面装。另一种是对"语文素养"的界说比较狭窄，主张切除非语文部分，保留语言积累、培养语感、识字写字能力、阅读能力、写作能力、口语交际能力、语文学习方法和习惯，以及热爱祖国语文的思想感情。

（二）正确把握语文教育的特点

1.凸显人文性

语文课程的人文内涵十分丰富，它对一个人精神领域的影响是深远的、广泛的。它不同于数学、物理、化学、生物等自然科学的学科，而是具有更多的人文属性：情感性、主观性、不确定性。因此，语文课程应重视：

（1）语文的熏陶感染作用。要通过优秀作品的浸染，怡人性情，提升人格。

（2）要注意教学内容的价值取向。具有丰富人文内涵的语文课程能对人们的精神领域起到作用，而且对人们精神领域特别是对学生的情感、态度、价值观的影响是广泛而深刻的。俗话说"开卷有益"，但实际是开卷可能是有益的，也可能是有害的。为了让学生在语文学习中多多受益，提高效率，就必须重视对于语文教学内容的认真选择。

2.加强实践性

语文是实践性很强的课程。语文教学要注重培养学生的语文实践能力，这种能力培养的主要途径是语文实践。也就是说，从阅读中学会阅读，从写作中学会写作，从口语交际中学会口语交际，把听说读写的主动权还给学生。

长期以来，语文教学存在着这样的认识误区：认为学生语文能力的形成要靠系统地讲授语文知识，要靠系统完整的语文训练，而忽视了母语教学有基础、有语境、有丰富的资源这一基本事实。学生绝不是先掌握了语法知识和修辞知识之后才进行听说读写实践活动的，而是在大量的听说读写的实践活动中逐步领悟有关语法和修辞知识的。因此，提高学生语文实践的能力，一要采取多种多样的形式，给学生创造尽可能多的实践机会。这不仅包括学生在课堂上的听说读写实践、学生的吟诵品味，而且还包括课外的各种语文实践活动。二要不断开发和利用无处不在、无时不有的语文教育资源，增强学生在各种场合学语文、用语文的意识，使学生凭借丰富的资源和大量的实践，在学语文、用语文中逐步领悟和习得学习语文的规律，不断提高学生的语文实践能力。

第二章　小学语文汉语拼音教学

第一节　汉语拼音教学的目标和理念

一、汉语拼音教学的目标

（一）教学目标

《语文课程标准》明确规定了小学阶段汉语拼音教学的总目标是"学会汉语拼音，能说普通话"。具体阶段目标是"学会汉语拼音，能读准声母、韵母、声调和整体认读音节。能准确地拼读音节，正确书写声母、韵母和音节。认识大写字母，熟记《汉语拼音字母表》"。

（二）汉语拼音教学定位

1. 《语文课程标准》对汉语拼音教学的要求降低了

《语文课程标准》对汉语拼音教学的要求是：在小学阶段，要使学生学会汉语拼音的声母、韵母、声调和整体认读；能够正确、熟练地拼读音节，有条件的可以逐步做到直呼音节；能默写声母、韵母和抄写音节；认识大写字母和隔音符号，能背诵《汉语拼音字母表》。

与以往的教学大纲对汉语拼音教学的要求相比，《语文课程标准》要求降低了，内容也减少了。具体体现在：

（1）声母、韵母、音节只要求正确书写，不要求默写。

（2）只要求能准确地拼读音节，不要求达到直呼音节的水平。

（3）要求熟记《字母表》，不要求背诵《字母表》。

（4）课时由原来的8～9周，减少到4～5周。

2.汉语拼音教学只是识字和学习普通话的工具

《语文课程标准》没有像以往那样，把汉语拼音作为一个独立的板块来提出其教学目标，而是在总目标中将其融在识字教学这一整块提出，可见是将其定位为识字的工具、学习普通话的工具。这对刚入学的小学生来说，不再是负担，可以消除其厌学情绪。因此，教师在教学中要牢牢记住：汉语拼音是学生识字的"拐杖"，要立足于用。不要人为拔高要求，增加难度。

二、汉语拼音教学的理念

（一）倡导自主、合作、探究的学习方式

《语文课程标准》的"基本理念"提出："学生是学习的主体。语文课程必须根据学生身心发展和语文学习的特点，爱护学生的好奇心、求知欲……关注个体差异和不同的学习需求，积极倡导自主、合作、探究的学习方式……"

改变学习方式是新课程改革的一个重要理念，同样也是汉语拼音教学的理念。教师应引导学生自主学习，培养学生的合作探究能力。

（二）激发兴趣，让拼音教学生活化

《语文课程标准》指出："汉语拼音教学要尽可能有趣味性，宜多采用活动和游戏的形式，应与学说普通话、识字教学相结合。注意汉语拼音在现实语言中的运用。"

汉语拼音是毫无意义可言的注音符号，字母的识记、音节的拼读过程单调枯燥，学生容易厌倦。尤其是初入学的儿童，一年级的学生集中精神的时间短，自制能力弱，根据教材的要求，要使初入学的一年级学生在一个多月的时间内掌握汉语拼音，这是件不容易的事。

第二节 汉语拼音教学的内容和要求

一、汉语拼音教学的总体内容和要求

根据《语文课程标准》，汉语拼音教学的内容和要求包括以下几个方面：

（一）学会 23 个声母、24 个韵母、16 个整体认读音节

1.声母（23 个）

b p m f d t n l g k h j q x

zh ch sh r z c s y w

2.韵母（24 个）

（1）单韵母（6个）：a o e i u ü

（2）复韵母（9个）：ai ei ui ao ou iu ie üe er

（3）鼻韵母（9个）：an en in un ün ang eng ing ong

（4）整体认读音节（16个）：zhi chi shi ri zi ci si yi wu yu ye yue yin yun yuan ying

3.几点说明

（1）《汉语拼音方案》（以下简称《方案》）中声母是 21 个，小学汉语拼音教材变通了拼写规则，把起隔音符号作用的 y、w 当作声母来教，声母增至 23 个。

（2）《方案》中韵母总数为 39 个，小学汉语拼音教材减至 24 个，具体而言：①《方案》中单韵母为 10 个，即 a、o、e、i、u、ü、ê、er、-i（前）、-i（后），在小学汉语拼音教材里减至 6 个，不教 -i（前）、-i（后）、ê，因 er 外形与复韵母相近，小学生容易混淆，故把它当作复韵母来教；ê因只与 i、ü 构成复韵母 ie、üe，因而不单独教学；-i（前）、-i（后）只与 z、c、s 和 zh、ch、sh、r 相拼，且小学生很难把握其发音，故结合声母当作整体认读音节来教。②《方案》中复韵母为 13 个；小学汉语拼音教材只有 9 个，省

教 ia、ua、uo、iao、uai，多教 er。③《方案》中前鼻韵母为 8 个；小学汉语拼音教材只有 5 个，省教 ian、uan、üan。④《方案》中后鼻韵母为 8 个，小学汉语拼音教材只有 4 个，省教 iang、iong、uang、ieng。

（3）《方案》中无整体认读音节；小学汉语拼音教学必教 16 个整体认读音节。前面已经谈到，由于 -i（前）、-i（后）两个特殊的单韵母难教、难学，且只与 z、c、s 和 zh、ch、sh、r 相拼，所以把它们当作整体认读音节来教；又由于 ie、üe 的韵母不是 e 而是 ê，为了减轻学生负担，也把 ye、yue 当作整体认读音节来教。小学汉语拼音把 y、w 当作声母来教，所以把下列音节也当作整体认读音节来教：yi、wu、yu、ye、yue、yin、yun、yuan、ying。

（二）学会读四声

声调在普通话中有区别意义的作用，它是音节构成不可缺少的一部分，学生学习声调，包括以下内容：

（1）懂得每个音节都带有声调。

（2）掌握四声的读法。

（3）会书写四声。

（4）懂得声调符号都要标在韵母主要元音上。

（5）知道轻声音节不标调；会读轻声音节。

（三）学会拼音方法，能准确拼读音节，要求学会两拼法和三拼法

（四）会正确书写声母、韵母和音节

（五）认识 26 个大写字母，熟记《汉语拼音字母表》

（六）认识隔音符号

凡 a、o、e 开头的音节，连接在其他音节后面的时候，如果音节的界限不明，可用"'"隔开，如 Pi'ǎo（皮袄）。

（七）能借助汉语拼音读准字音，学会用汉语拼音帮助识字、正音、学习普通话

（八）学会用音序检字法查字典

二、汉语拼音教学的阶段内容

（一）一年级

（1）先教学 6 个单韵母，认识 4 个声调符号，会读四声。

（2）教学 23 个声母，同时学会声母和单韵母相拼的方法。

（3）教 18 个复韵母、鼻韵母，并学会声母和复韵母、鼻韵母的拼音方法。同时，认记 16 个整体认读音节。

（二）二年级

（1）要教学生认识大写字母，能分辨大小写字母的形体。

（2）认识 26 个大写字母，熟记《汉语拼音字母表》。

（三）三年级到小学阶段结束

没有具体的教学任务，主要就是发挥汉语拼音是识字、阅读和学习普通话的工具的作用。

第三节　汉语拼音教材编写特点及教学应注意的问题

一、教材编写特点

（一）共同特征

关于汉语拼音教材，人教版、苏教版、北师大版的 3 套课标实验教材在汉语拼音编写方面有着一些共同特征：

1.减少内容，简化规则，使学生易于接受

（1）把 y、w 当作声母来教，直接和韵母相拼。

（2）iou、uei、uen 直接教省写式，不教省略规则，自成音节时用 y、w 同韵母直接相拼。

（3）少教了 3 个单韵母[-i（前）、-i（后）、ê]、5 个复韵母（ia、ua、uo、iao、uai）、7 个鼻韵母（ian、uan、üan、iang、iong、uang、ieng）。

2.运用形象直观的插图，帮助学生学习和记忆

3.拼音、识字双轨进行

长期以来，小学语文教材一般采用开学集中学习汉语拼音，然后再学习汉字的方式来编排，这似乎已成为一种定律。但刚入学的儿童，要用几个星期的时间，整日为学拼音而学拼音，拼音学习的工具性不能得到及时地体现。为此，3 套实验教科书的编者打破陈规，不约而同地采取了拼音、识字"双轨并进"的编排方式来编排教材，这是汉语拼音教学史上的一次创新。

虽然呈现的方式有所差别。人教版、苏教版都是以拼音为主线、拼音识字为辅线安排教学的，不同的是，苏教版采用单元集中归类拼音识字的呈现方式；人教版采用随文拼音识字的呈现方式；北师大版则另辟蹊径，力求采用字带拼音、拼音带阅读识字的双向互动呈现方式。拼音、识字同时进行的创意，给今后的汉语拼音教学带来了互为补充且相得益彰的勃勃生机。这是因为：

（1）拼音识字，让学生及早体会到了学拼音的成就感，而在识字的过程中又巩固了拼音的能力。

（2）拼音字母是抽象的语音符号，和儿童的心理图式确有一段距离，但揉进了汉字的学习，情况就大不一样了。汉字的部件大多具有物象，识别的信息模块与儿童思维模块容易匹配、连通，因而就能够激发儿童的学习欲望。儿童一旦愿意多识字，那么，他们就必定愿意尽快掌握拼音这个工具。

（3）语言文字是一个民族的活化石，它记载着一个民族的历史文化。汉字是世界上唯一经历了几千年的发展变化仍在使用的古老文字，它承载着中华 5000 多年的文明。母语教育是一个人生存发展的根基，孩子们早接触汉字，就较早接触了中华文化，也就较早进入了母语教育的内核。

4. 在言语实践中学拼音, 在拼音练习中培养语文综合素养

《语文课程标准》指出, 汉语拼音教学应"注意汉语拼音在现实语言中的运用"。儿童学习汉语拼音的过程, 实际上是一个从言语实践中来, 再回到言语实践中去的过程。例如, 儿童学拼音, 虽不认识"a""i""b"等字母, 但以这些字母标识的语音却经常出现在儿童口语中, 如"阿姨""爸爸"中的"a""i""b"。因而教学拼音, 就是把儿童熟悉的语音与之相对应的不熟悉字母进行沟通, 再组成有意识的语言单位, 回到言语实践中去运用。这就是音素不离音节、音节不离词语、词语不离句子的"糖葫芦"串联教学法。这种教学法是语文教育工作者几十年共同实践的成果。

3 套实验教科书的编者一方面继承了这一成果, 另一方面又有所创新: 他们在每组拼音后面均附上一个完整的语言片段 (小故事、儿歌、童话、古诗), 以此来进行拼音练习, 培养学生的拼音能力。其实, 任何一种教学内容的安排都不是单一的, 而应该是多元的。由于语言片段可以表达一个完整的生活意象, 其中渗透着作者的情感、态度、价值观等因素, 所以, 诵读这些语言片段, 不仅能够复习巩固拼音, 还能够起到培养学生语文素养的作用。

(二) 不同特点

当然, 3 套实验教材在汉语拼音编排方面也有自己的个性特征:

1. 人教版教材的编排十分注重知识的整合性

中国的基础教育历来重视知识体系的构建, 重视对知识的积累和灌输, 从而培养学生对知识和权威的尊重。发达国家的基础教育则重视培养运用知识的能力, 重视对知识的拓展和创造, 重视学生对知识和权威的质疑和批判。源于这样的背景, 我国新一轮基础教育改革的一个重要任务就是要从重知识的构建而转为重知识的运用。人教版的教材深谙其道。例如, 汉语拼音教材历来顺着单韵母、声母、复韵母、鼻韵母这一知识体系编排。但人教版教材在学习单韵母"i""u""ü"的同时, 学习声母"y""w", 接着连带出"yi""wu""yu"3 个整体认读音节, 并在插图的"乌鸦"旁标出 (w、y), 小鱼旁标出 (y), 妈妈晾晒衣服旁标注 (y)。行云流水般的一连串字母、音节

都有内在的联系，编排时考虑其运用，而不考虑其知识体系，使学生在悄然不觉的状态下，就完成了知识的整合和运用。

2. 苏教版教材的内容具有鲜明的人文性

汉语拼音学习的任务就是"识形记音"，苏教版教材在如何利用图画表形表音时颇见功力，充分体现了表形表音的工具色彩，细微处常闪烁着人文精神。例如，学习声母"y"和"w"时，出现了这样一幅情境图：天气凉了，树叶落了，妈妈做好了新衣正给自己的孩子穿。左上圆圈一幅小图是乌鸦妈妈捉虫给小乌鸦吃。粗看起来图画是仅供学习"y""w"两个字母的情境，但细细体味，其中却蕴涵着深刻的人生哲理。编者是用传统的"乌鸦反哺"的故事，教会学生如何做人的。再如，汉语拼音每个单元后面的16个汉字，看起来互不关联，各自为"字"，但组成四言韵语且配上相应图画，就会显得整体和谐，充满生活的情趣，如"出入开关 / 坐卧立走 / 东西南北 / 前后左右"。孩子们不仅识了字，还认识了空间方位，同时从图上懂得了做人的起码行为规范。

3. 北师大版教材的体例具有灵动的开放性

根据基础教育改革的精神，教学过程是平等对话的过程，是师生双方共同发生转变的过程。在这个过程中，教师和学生都是参与者。为了这一真正的教学民主，北师大版教材编者设计了一个灵动的开放式教材体例，还学生、教师一个根据自身发展需要进行创造的空间。例如，虽然教科书把拼音教学安排在第5至第9单元，但教师可根据自己和学生的实际情况，在进度上另作安排。又如，学习拼音字母时，可以根据认识的汉字带出所学字母，也可以根据表音表形图自己探究字母发音，然后再学相应的汉字。再如，朗读《咏鹅》而导出诗中出现的"o""e""u""ü"几个单韵母，从而让学生感悟汉语拼音和汉字的关系，然后完成拼音学习任务。但考虑不少学生学前已经会背这首诗，教材就建议可根据具体情况，先让学生互教互学，然后再共同完成拼音学习任务。这就尊重了学生的个体差异，改变了传统的学习方式。

二、汉语拼音教学应注意的问题

根据《语文课程标准》对汉语拼音教学的具体建议，在教学中应注意以下问题：

（一）抓住重点，突破难点，教给方法

汉语拼音教学的重点是教学字母和拼音方法，难点是教学声母、鼻韵母的发音和三拼连读音节的方法。

1. 教学中要十分重视字母教学

要读准音，开始时声母要教呼读音，到学习拼音方法时再强调读得特别轻短。字母教学一方面要让学生掌握发音方法，另一方面要充分运用插图和有效的教具，帮助学生掌握音和形，要抓住每组字母的特点，结合低年级儿童的年龄特点，采用形象、生动的歌诀、顺口溜、游戏等进行教学或用于复习巩固。

2. 拼音方法的教学，既是重点，也是难点

声母和韵母相拼的音节，要让学生掌握"前音轻短后音重，两音相连猛一碰"的拼音要领。声、介、韵相拼的音节，要掌握"声轻介快韵母响，三音连读很顺当"的口诀，注意"快速连读"这个关键。三拼音节中遇上介母和韵母an连读时，an要发生音变，a要读得近似ê的音；遇上介母ü和韵母an连读时，a的舌位略向后移并抬高一点。拼音方法的教学，要教给方法，多示范、多练习，使学生逐步掌握规律，形成能力。

（二）加强常用音节的训练，培养熟练拼读音节的能力

普通话语音中有400多个音节。常用的可以先教，不大常用的后教，最不常用的可以不教。常用音节的训练，是从声母教学开始的，一般的做法是学了单韵母以后，边学声母边教拼音方法。学完声母，应掌握拼音方法。这个阶段是最基础的阶段，要下功夫、花力气，教学生掌握拼音方法。教复、鼻韵母时是拼音方法的再现，可继续教给方法，培养能力。到一年级第一学期结束，学生一般能熟练拼读音节。

（三）教学方式以活动和游戏为主，让学生在学习过程中体验到乐趣

充分考虑低年级与幼儿园生活方式和学习方式的衔接，考虑低年级学生的心理特点，尽可能使教学有趣味，教学方式以活动和游戏为主。努力创设儿童喜闻乐见的情境和语境。如听音取卡片、小小邮递员、摘果子、购物、开火车等，都是学生喜闻乐见的教学形式，可以用之来调动学生学习拼音的积极性，让他们快乐学、愿意学。

例如，一位老师在教学 a、o、e、i、u、ü 时，尝试着让学生自己看图编儿歌体验发音的方法。在学生看图编儿歌之前，这位名师自己先对单韵母 a 编出儿歌作为示范："小红练唱，嘴巴张大 a、a、a。"并告诉学生这个儿歌前一句是图中的事物，后一句是发音要领，然后让学生自己学习编儿歌。学生通过看图观察，体验发音，编出了像模像样的儿歌：

公鸡打鸣，嘴巴圆圆 o、o、o；

白鹅照镜，嘴巴扁扁 e、e、e；

妈妈晾衣，上下对齐 i、i、i；

乌鸦衔食，嘴巴小小 u、u、u；

小鱼吹泡，嘴巴扁扁 ü、ü、ü。

这样的游戏激发了学生的学习兴趣和创新精神。

（四）及时复习巩固

每节课后要复习巩固新学的知识，每部分内容教完之后，要进行归类复习，如形近字母的比较、音近字母的分辨。教完汉语拼音教材，要进行全面的复习巩固，使学生掌握所学内容。

复习巩固汉语拼音，应根据不同年级学生的年龄特点，采用活泼多样、生动有趣的形式来吸引学生，调动他们的主动性、积极性。除了利用课本上的内容、图画和配合课本出版的教学图片、挂图、卡片、录音磁带等之外，还应该创造条件，让学生多听、多看、多练。多听，就是要多听规范的发音，或听老师读字母、音节，听后分辨；也可以把自己的发音录下来，再听听发音对不对。多看，就是多观察老师和发音准确的同学的口型变化，也可以对

着镜子观察自己发音时的口型；多看拼音读物，在阅读中熟练拼音。多练，就是把新学内容的难点、重点找出来，按形或音归类练习，如反复读平、翘舌音，前、后鼻音。形相似的复、鼻韵母，可由慢到快，使舌头灵活自如。到一定阶段后可以选一些绕口令让学生练习，以促进他们学好汉语拼音，说好普通话。此外，还可以组织有关拼音内容的比赛活动，举办展览，办板报，让学生参与活动，在活动中巩固汉语拼音。

（五）与识字、学说普通话相结合

1. 与普通话整合，强化正音，相得益彰

刚入学的儿童年龄小、可塑性强，只要我们充分利用汉语拼音，注重听说训练，强化正音功能，学生是能说好普通话的。

教师要提倡学生在校内外用普通话交谈，鼓励他们借助拼音，相互正音。例如经常有孩子把"红花"说成"红 fā"，最有效的方法就是教他拼读"花"的音节"h-u-ā→huā"。

2. 识字整合，双轨并行，学以致用

汉语拼音是汉语言的一个辅助系统，主要功能在于正音和辅助识字。在拼音教学中融入常用汉字的教学，双轨并行，学以致用，突出了汉语拼音的工具性。汉语拼音与识字的整合，不仅巩固了拼音的学习，而且还让孩子获得了不用大人教、自己就能识字的成就感，进而喜欢识字，喜欢学语文，让语文学科的综合性、整体性得到了很好的体现。

（六）与学生现有的经验相结合

拼音教学应与孩子的生活经验联系起来，让拼音教学生活化，只有这样才能更好地帮助学生识记那些抽象符号的拼音。在拼音教学中，教师要努力创设生活情境，赋予音节生活意义，提高孩子的识记效果。

在教学整体认读音节时，有一位老师让学生联系生活实际用音节组词，学生一下子组出了 ā yí（阿姨）、è yú（鳄鱼）、wū yún（乌云）、yīn yuè（音乐）、wǔ yì（武艺）、yuán yuè（圆月）、shī zi（狮子）8 个词，孩子们一下子会了 8 个音节词，自然有了成就感，从而增强了学习的兴趣。

第三章 小学语文识字写字教学

第一节 识字写字的教学目标和教学理念

一、识字写字的教学目标

识字与写字作为语文教学的重要组成部分，准确把握"识字与写字"的教学目标，对实施和改进识字与写字教学，有十分重要的意义。

《语文课程标准》规定义务教育阶段"识字、写字"教学的总目标是："认识 3500 个左右常用汉字。能正确工整地书写汉字，并有一定的速度。"其中小学阶段识字总量在 3000 个左右。

二、识字写字教学的理念

《语文课程标准》中识字与写字教学目标，渗透了新的教育理念和行动策略，概括起来有以下几点：

（一）识写分开

以前识字教学要求字字要"四会"——会读、会写、会讲、会用，要求"四会"同步，造成学生学习负担过重。新课程标准从学生的实际情况出发，降低要求，提倡"识写分开"。识写分开，是指对会认的字和会写的字的要求不同，应区别对待。识写分开的目的在于分散学习难点，减轻学生负担；同时，也是为了防止认字与写字的互相掣肘，避免既认不快、又写不好。

（二）多认少写

《语文课程标准》明确提出"识字、写字是阅读和写作的基础，是第一学段的教学重点，也是贯穿整个义务教育阶段的重要教学内容"。低年级要多认少写，认识常用汉字 1600 个左右，其中 800 个会写。这样的要求，明确地体现了认与写不是同步发展，而是重在保证一定的识字数量，使学生在二年级末实现独立阅读成为可能。根据一些机构的统计，常用的 3500 个字，其中 1000 个字占当代出版物常用字的 90％以上。这就为阅读创造了条件，可以满足阅读的基本需要。少写，则既考虑到初入学儿童的手指肌肉不够发达，过度写字对正常发育不利，也便于教材编写者由易到难、由简到繁地编写写字教材，还有利于教师循序渐进地进行写字指导，给学生打下了坚实的写字基础。

（三）讲究字理

所谓字理，就是汉字的构字理据，是汉字的特点及自身规律。"六书"中的象形、指事、会意、形声，是汉字造字的基本方法。要根据汉字的造字规律，解释字的结构，但不应一味地为了记好而不顾字理，乱解汉字。要把符合学生心理与符合字理结合起来，探索提高识字教学的新路子。讲析字理是识字教学最根本的方法，这也是我国传统的识字教学方法。

（四）识用结合，引导学生走开放式识字之路

汉字作为一种文化符号，作为母语的书面符号，渗透于社会生活的方方面面。在丰富多彩的现实生活中，汉字更是到处都有、随处可见。在识字教学中，教师要有强烈的资源意识，努力开发、积极利用，引导学生充分利用教科书以外的学习资源，课堂以外的学习渠道，综合运用各种识字方法，在生活实践活动中自主识字。

（五）重视写字教学，注重良好习惯的培养

写字是一项重要的语文基本技能，也是语文素养的重要体现。《语文课程标准》更加重视写字教学，明确指出，写字教学不仅要让学生掌握汉字的笔顺、结构，更重要的是让学生从中体会汉字的优美，弘扬祖国文化，培养

民族精神。为此，总目标和阶段目标特别提出了写字的要求。

总目标的要求是：正确工整，有一定速度。所谓"正确"，是指把字写对，不写错别字、不规范的字，不生造字。所谓"工整"，是指把字写得整洁、美观，书写认真，不潦草、不马虎、不歪斜，偏旁部首位置要恰当，字的比例合适，结构匀称，行款整齐，字迹清楚。所谓"有一定速度"，是指在规范认真工整的基础上，要求书写达到一定的速度。

阶段目标从第一学段到第三学段，有梯度有层次地为写字教学提出了更具体的要求，从写字姿势和写字习惯的培养，到书写技能的要求，再到审美情趣的培养都做了详尽安排，而且，针对不同学段学生的实际，各学段又有不同的侧重。

第二节　识字教学内容、方法及课堂结构

一、识字教学的内容和方法

（一）字音教学

识字教学首先要指导学生读准字音，字音教学是识字的基础。汉字是表意文字，其读音和形体之间没有必然的联系，字的形体不能把读音直接标示出来。即使是形声字，也不像拼音文字那样，把读音标示得很清楚。这就要求教师教会学生熟练地掌握汉语拼音，并恰当地利用汉字字音上的一些特点进行教学，引导他们仔细分辨同音字和多音字，提高识字效果。字音教学可从以下几种方法入手：

1.借助汉语拼音读准字音

汉语拼音是学生认读生字的拐棍，老师不能一个字一个字地领着学生认读，要放手引导学生借助汉语拼音读准字音，在学生自己认读之后进行检查、纠正。

2.利用形声字的声旁帮助认读和记忆字音

有些形声字的读音和声旁作为独体字时读音相同或相近，教学时，最好

先让学生读准作为声旁的独体字，然后再学形声字。如先学"青"，再教"清"，启发学生懂得右边的"青"表音，所以"清"读作 qīng。以后教学"情、晴、请"等字时，引导学生注意它们的声母、韵母和"青"相同，声调不同。这样，通过学习一个字，掌握了一串字，使学生从实际中逐步了解到形声字的构字特点，学会识字方法。

3.加强同音字的归类比较

汉字有几万个，而普通话的基本音节只有 400 个，这就产生了大量的同音字。如"丰、风、疯、锋、峰、蜂"等字都读作 fēng，但是它们的字形和字义都不同。如果乱用同音字，就会出现错别字，影响表情达意。

同音字有音同形异和音同形近两种。音同形异的如"公"和"工""在"和"再"等。教学这类同音字时，要结合词句，着重从字义和字形上进行比较，说明各有各的用法。音同形近的如"像"和"象""蜜"和"密"等，学生更容易混淆。教学这类同音字时，要根据形声字形旁表义、声旁表音的构字特点，以熟字带生字，分别组词理解字义，着重分析字形中不同的地方。此外，还可以采用组词、选字填空、编歌诀等训练形式，把同音字放到具体的语言环境中去辨别。如"刻苦学习下苦功，克服困难攀高峰"。

（二）字形教学

汉字是方块字，几万个汉字便有几万个形体，各不相同。有些字的形体十分相似，读音和意义却完全不同。还有些字笔画繁多，不容易记住它们的字形。从这点来看，字形教学是低年级识字教学的难点。教师必须根据汉字的构字规律和学生的心理特点进行字形教学，使学生能清楚地辨认所学的字，从而培养他们的分析综合能力、比较辨别能力和理解记忆能力。字形教学可从以下几种方法入手：

1.循序渐进，启发学生自己分析字形

教学独体字一般通过笔画、笔顺的数学，指导学生一笔一画地分析字形。教学合体字时，就可以借助偏旁部首和独体字来识记字形。在字形教学中，要尽量启发学生自己分析字形，要求他们看到一个字，就能和已经掌握的熟字联系起来，准确地说出"这个字是由什么加上什么组成的"，或"这个字是哪个字的哪一部分"，等等。如"妈"是女字旁加上"马"组成的，"可"是"河"的右半部，"船"是"铅"去掉金字旁，换上舟字旁等。

2.重视形近字的比较

有些汉字形体差别小，学生在识字和写字时，极易由于字形相近而混淆，如"人""入""八"。因此，必须帮助他们辨析形近字。在教学过程中，应突出比较汉字差别细微的部分。有的教师在指导比较形近字时，根据学生知觉选择性的规律，用彩色粉笔标出容易混淆或忽略的部分，增强知觉的明晰性；有的老师采用歌诀的办法，使学生对字形产生直观形象，如"封巳（sì）不封己（jǐ），半封是个已（yǐ）"，"渴了要喝水，喝水要张嘴"；还有名师用自主发现法培养学生的观察能力，有利于培养学生观察的习惯。

3.利用汉字构字规律，引导学生分析、辨认和记忆字形

象形、指事、会意和形声，是汉字的四种造字法。教学时，可以根据汉字的构字规律和学生的心理特点，激发学生的想象，把无意识记变成有意识记。如象形字"日""月""水""火"等可以结合看图，告诉学生这几个字是怎么来的；"看""明""笔"等字，可以运用会意字的构字规律来分析字形；"晴""睛""清"等形声字可以启发学生分析形旁，从义辨形。

（三）字义教学

字义教学实际上是词义教学。正确地理解字（词）义是提高学生语文素养的起点。字义的掌握是识字教学的重点。随着年级的升高，在教学中要侧重词义的教学。在教学中，教师要根据汉字字义方面的特点，联系学生已有的知识经验，运用多种方法，启发学生领会字词的意思和用法。字义教学几种常用的方法是：

1.运用直观教具帮助学生理解字义

低年级学生主要是通过具体形象来认识客观事物的。在字义教学中，教师要充分采用直观的方法，把抽象概括的知识变成学生看得见、摸得着、听得到的东西，让学生的眼、耳、鼻、舌、身等感觉器官都参与获得新知的实践，从而获得清晰、明确的概念。

第一种方法是对那些标示事物名称、数量、颜色、形状等方面的词，可

选用插图、挂图、投影、幻灯、模型、实物等直观教具。如教学茄子"根、茎、叶、花、果实、种子"时，出示画有茄子"根、茎、叶、花"的挂图，教师一边指导学生看图，一边让学生学习"根""茎""叶""花"；教"果实"时，用复合投影片演示，让学生懂得花谢以后结了茄子；接着再映出茄子剖面图，里面有种子。在学生有了感性认识的基础上，教师指出，植物开花以后结的果子就是果实。

第二种方法是对那些标示动作、状态的字词，可以采用演示的直观方法。如教"飞"字时，可用两只手臂上下摆动，两脚在地上碎步往前移，做出飞的样子帮助学生了解这个字。

2. 指导学生联系生活实际理解字义

有些字词较难理解，联系学生生活实际，用具体的事例来说明，往往能取得事半功倍的效果。如"团结"这个词，可以举同学有困难互相帮助，做事情分工合作的事例，让学生理解它的意思。"颠簸"一词，可以启发学生说一说自己在崎岖不平的道路上乘车或在大风大浪中乘船的感受。

3. 指导学生联系上下文理解字义

理解字词的方法很多，指导学生联系上下文来理解字词，是常用的一种方法。如《雪地里的小画家》一文中有"画"这个生字，教学中可让学生联系上下文。通过反复朗读，体会到"画竹叶"的"画"指"动作"，"一幅画"的"画"指"图画"，两者的意思是不同的。

"又、也、还、却"等意义抽象的字词，只有把它们放到具体语言环境中，引导学生联系上下文，才能弄懂它们的意思。例如一课中有个"又"字，如果告诉学生"又"表示重复或继续，学生不容易掌握。可以先让学生读读书上的句子，知道猫妈妈第二次钓着一条大鱼，所以用"又"。

二、识字教学的一般程序

（一）提出生字

1. 提出生字要结合具体的语言环境

教一篇课文，对所要教的生字，采取什么方法提出来，在什么时候提出来，教师都要作周密细致地考虑。一般要根据课文中生字的数量和难易程度，以及学生的接受能力来确定。有的课文音同或形近的生字较多，可采用集中出示生字的方法来教学，这样可以比较生字在读音、字形或字义上的异同，便于学生牢固掌握；有的课文中生字的意思与课文插图内容联系密切，可采取看图分散出示的方法，使学生通过图画的具体形象来理解词义，增强对生字音、形、义的记忆；有的课文生字很多，且一部分生字的意思难以理解，就可以采取部分集中、部分分散出示来教学。提出生字的方法多种多样，如用谈话、讲故事的方法，或者在学生观察实物、挂图之后揭示生字等。为了调动学生识字的积极性、主动性，也可以启发学生自己提出生字。

2.提出生字要避免刻板的程式

教师可以根据课文和学生的实际情况选用适当的方式提出生字，切忌离开具体的语言环境孤立地提出生字。

（二）教学生字

教学生字必须把字的音、形、义紧密地结合起来，但是强调音、形、义结合，并不是在教学中面面俱到。不同年级和不同的字应当有不同的侧重点。对初入学的学生来说，一般应突出字形的教学。因为儿童口语的发展先于书面语言，他们在入学之前，就已经会说很多话了，就是说已经掌握了不少字词的音和义，但不认识字形。再加上汉字字形复杂多样，准确地记住每一个字的字形，音、形、义三者的统一联系就基本上建立起来了。随着年级的升高，需要掌握的字词越来越多，字义比较抽象难懂的也越来越多，就应当突出字义的教学。除此，对每个字还要做具体分析。就低年级来说，有些字的读音和儿童的口语有差别，学生不易读准，此时就要注意指导字音。有的字的字义较抽象，离学生的生活较远，就应侧重字义的教学。学生升入中、高年级以后，虽然有了掌握字形的能力，但对字形繁难的字，教师在教学中也应当着重检查指导。

（三）复习巩固

小学生识字，学得快，忘得也快。要使学生牢固地掌握生字新词，就必须用多种方法做好复习巩固工作。如只让学生读读字卡，读出字音就算过去，学生对字形、字义印象不深，日后就容易遗忘，或出现错别字。也不能一味地把机械重复的抄写、默写作为巩固字词的手段。识字的复习巩固，要防止把音、形、义割裂开来，要注意从汉字的特点出发，加强对字的分析、综合、比较，加深对字的音、形、义的整体认识。

巩固识字最好的办法是复现，这就是我们平常所说的"一回生，二回熟，三回四回成朋友"。如何让生字成为孩子们的朋友呢？

（1）创设多种途径和方式，让汉字与学生反复见面。让学生不断与生字接触，自然而然地记住了所学的生字。

（2）在游戏活动中让孩子们巩固识字。在游戏活动中识字是最受学生欢迎的。在课堂上创设情境，采用各种生动活泼的方式复现课文中的生字，采取开火车、送生字回家、猜一猜玩一玩等学生喜闻乐见的游戏，调动孩子运用多种感官参加活动，使他们始终处于兴奋之中，在玩乐中不知不觉和生字交上了朋友。

（3）把生字放到新的语言环境中巩固认读。把生字编成句子、儿歌、短文，让学生阅读，在读中巩固识字。

（四）运用生字

学生识了字以后，必须指导他们运用学过的字词。识字的目的是为了提高学生的听、说、读、写能力。识字的质量，不能只看会默多少字，而要看学生是否能把所学的字词用于说话、阅读和作文之中。所以，教师要在指导阅读、背诵、复述、回答问题、用词造句、写话、作文中，在指导课外阅读中，让学生反复运用过的字词。这样，才能巩固识字的成果，达到识字的目的。

第三节　写字教学的内容、方法和程序

一、写字教学的内容和方法

（一）铅笔字的教学

1. 教学生正确的写字姿势

练字必须先练姿。正确的写字姿势不但是写好字的前提，也是提高身体素质的关键。所以《语文课程标准》在低年级阶段就明确要求"努力养成良好的写字习惯，写字姿势正确"。从学生入学第一次握笔那一时起，教师就要严格把好写字姿势这一关。在开始学写字时，不求多和快，要用大量时间纠正错误姿势，并教育学生懂得如果写字姿势不正确，长此下去，会造成斜肩、驼背、近视眼等不良后果，这些话要时时提醒；光讲还不行，还要在学生写字时巡视，及时发现及时纠正。通过学习写字儿歌强化各种姿势的训练。

坐姿：学写字，要牢记，头正腰直腿放稳，两臂平放桌面上，笔杆斜靠虎口里。

写字姿势：眼离书本一尺远，胸离桌沿一拳远，握笔点离笔尖一寸远。

握笔姿势：右手拇指拿，食指捏，中指托，左手按住写字本。找准四点记心中，贴好四点空心拳。手离笔尖二厘米，运笔自如靠手指。

2. 教给学生运笔的方法

铅笔字的笔画平直，变化不大，因此在书写时运笔方法比较简单。一般在起笔、转折、提、钩时稍重、稍慢；在行笔过程中用力均匀，速度适当；在写撇、提、钩的收笔和写其他尖状笔画时，要稍轻、稍快。

运笔要领：横要平，竖要直，提、撇要尖，捺有脚，折有角就得顿，小小点要写好，落笔轻轻收笔重。

3. 教学生学会使用田字格

低年级学生写字不是东倒西歪，就是顶天立地。采用田字格练写铅笔字，可以逐步提高学生知觉的精确度，帮助他们掌握好笔画的位置和字的间架结构。

（二）钢笔字的教学

1. 教给学生执笔和运笔的方法

写钢笔字时，学生要掌握笔尖的方向，不能侧着写或反过来写，也不能像写铅笔字那样，一边写一边转动笔杆。钢笔由于受笔尖的限制，只能写较小的字，所以运笔主要靠手指和手腕的力量。用钢笔写字时，要知道指力和腕力应协调运用，写字才能得心应手。钢笔尖弹性小，它的运笔方法是顿、按、起、收。例如：写竖时先将笔尖向下顿按，再行笔向下。写横时也要向右下顿按，再行笔向右，收笔时向右下稍顿，然后提起，但要注意不能过分夸张。

2. 适时提出书写有一定速度和行款整齐的要求

四年级学生写字已从方格本转换成横线格的练习本，并且书写已有一定的速度。因此，教师除了继续要求学生写字笔画认真、笔顺正确、间架结构合乎要求外，还要做到字的大小均匀、行款整齐、布局合理，使整页纸的字写得匀称、自然、美观。

3. 严格要求，严格训练

中、高年级学生写字较多，容易出现写字潦草、马虎的现象。教师要教育学生严格要求自己，写字之前一定要看清字形、笔画、结构，以免写错，使学生养成认真写字和一丝不苟的好习惯。

二、写字教学的程序

（一）小学阶段写字教学的程序

写字教学应该循序渐进，逐步提高要求。先用硬笔，后用毛笔。就写硬笔字来说，一般一、二年级学生使用铅笔写字，从三年级起用钢笔练习写字。就写软笔字来说，三年级上学期练习用毛笔描红，三年级下学期练习仿影，以后练习临帖。

（二）一节写字课的教学程序

一节写字课教学的一般程序是"指导—示范—练写—批改—讲评"。

1. 指导

这是提高写字质量的关键。指导要突出重点和难点。开始时要逐字逐笔地讲清要领，对重点笔画要引导学生观察笔画的形态特点。教师在分析笔画时，要指导学生掌握正确的运笔方法。

2. 示范

教师的示范能起潜移默化的作用。要让学生看清每一笔画的起笔、行笔、收笔以及运笔时的提、按、快、慢。对相似的笔画和字形，要在示范中进行比较，指出可能出现的不正确的写法。示范和指导要结合起来进行，边示范边指导，形象直观，效果较好。

3. 练习

低年级学生在练习书写之前，可以看着黑板上的范字进行书空练习，作为练习的过渡。学生在练习写字时，教师要巡视指导，发现带有普遍性的错误，应该立即在全班纠正。对写字比较差的学生教师要加强个别辅导。

4. 批改

教师应认真批改学生的写字作业。对写得好的字可用红笔圈出，特别好的可画双圈，以此鼓励学生认真写字。

5. 讲评

教师要根据批改的情况，对学生的写字作业进行分析、评议。这是提高学生书写水平的重要一环。要通过讲评肯定成绩，纠正偏向。教师还可启发学生自己讲评，逐步提高学生的观察能力和鉴别能力。批改和讲评可以结合着进行。

第四章　小学古诗文教学内容研究

第一节　小学古诗文教学内容的进展及困境

一、研究的进展

小学古诗文教学内容的探索主要从以下两个方面进行展开分析：

（一）研究日渐丰富

新课程改革以来，随着"国学热"的掀起，不少学者和一线教师对于古诗文教学有了深入地研究，虽然大部分学者的研究重心仍然放在初高中，但对小学古诗文教学的关注度却已经逐渐增加。下面是在知网上从1980—2017年的相关文献进行搜索，得到以下结果：

表4-1　以"小学古诗文教学"为主题搜索的论文数量情况

	期刊论文	硕博士论文
1980年—1990年	0	0
1991年—2000年	0	0
2001年—2010年	34	7
2011年—2017年	58	21

表4-2　以"小学古诗文教学内容"为主题搜索的论文数量情况

	期刊论文	硕博士论文
1980年—1990年	4	0
1991年—2000年	13	0
2001年—2010年	147	20
2011年—2017年	182	36

由表 4-1 和表 4-2 可以发现，小学古诗文教学的相关研究在 2001 年之后有了迅猛的发展，包括期刊和硕博士论文。而近年来，在 2011—2017 年这短短的 7 年时间里，小学古诗文教学以及小学古诗文教学内容的论文也有了大幅度的增加。可见，在这几年中，越来越多的学者和一线教师开始关注小学古诗文的教学，小学古诗文教学成为研究热点。

靳学红在《古诗文教学中常见的问题及对策》中提到，古诗词教学中常见的问题有：①死记硬背；②忽视古诗词教学的规律，不重视诵读教学；③古诗词作者介绍停留于简单的知识积累；④对古诗词只是简单地翻译。

（二）内容的研究角度纷呈

关于小学古诗文教学内容的研究，不同的学者有不同的看法。对于教学内容的着重点也是不一样的，内容的研究角度主要有以下几个方面：

1. 以古诗文基础知识为主要教学内容

在《古诗文教学如何化难为易》一文中，张广惠等人认为："在学习古诗文时，首先要对文章中的字词句有一定的理解，扫除阅读时的障碍，要进行课前预习，教师在讲解的过程中对这些基础知识进行疏通串讲，这就要先理解字词句的表面意思，然后再对文章的文意、脉络和深层次的含义进一步理清。"古诗文本体知识固然重要，但是对于古诗文而言，教学内容若仅仅停留在本体知识上，那么学生的语文素养和语文能力就无法得到提升。

2. 以意境为主要教学内容

意境就是作品中描绘的生活图景、艺术形象和表现的思想感情交融在一起而形成的一种境界。王国维在《人间词话》中称意境为境界，说"境界非独谓景物也。喜怒哀乐，亦人心中之一境界，故能写真景物、真感情者，谓之有境界，否则谓之无境界"。张雁的《谈小学古诗词教学中的意境感悟》、黄明贤的《论小学古诗词教学中的意境感悟》和刘梁的《古诗词的意境分析》等都提到过，意境，是古诗词创作的核心。学习古诗，最关键的就是要入情入境，引领学生徜徉于诗的意境中。方玉婧在《基于意境体验的小学高段古诗教学策略研究》中指出：有关意境的教学内容偏少、形式单调，教师偏重使用常用的教学方法融入意境，往往很少创新和改变。因此她提出意境可以融入教学的全过程。意境是小学古诗文教学内容的重要部分，但是也因年段因诗文本身等有所不同。

二、当前的困境

（一）研究需突破的两个问题

1."这一类"的教学内容

小学古诗文教学内容的研究，相比于前，的确有了很大的进步。但是仔细分析，就会发现，目前的研究并未给我们一个明确的答案，即什么样的古诗文需要哪些与之对应的教学内容，也就是没有确定这些具体的教学内容相对应的古诗文文体特征是什么，而是笼统地研究古诗文的教学内容应该是什么。但是对于一线教师而言，拿到"这一篇"或者"这一类文体"应该教什么，目前的研究并未给出答案。

通过简单的课例分析可以发现目前关于小学古诗文的教学内容存在趋同性现象，很多小学语文教师仍然是走着传统古诗文教学的道路，"释题目，知作者；解难字，译全篇；悟情感，齐背诵"。于是就在教学中出现了诗没有诗的特点、词没有词的特点，甚至古诗词和文言文的教学内容也是一致的。例如：从邵家志老师执教的《古诗二首》之《出塞》课堂实录中可以发现，主要从以下几个方面展开教学：①了解诗人，解读诗题。教师先对作者王昌龄有一个简单的介绍，接着通过课件来了解作者出塞的地点——阴山。②初读诗歌，读准读通。教师指导这首诗中的 3 个多音字(人未还、飞将、不教)。③再读诗歌，理解内容。教师指导学生默读这首诗，并且翻译每句话，并在小组内交流。只要理解这首诗的意思，这个教学目标就算完成了。④细读诗歌，体悟诗情。诵读体会诗之"悲"情和"壮"志。教师通过一层层渲染和诵读的方法让学生体会到作者的思乡之情和誓死卫国的铿锵誓言。所以我们可以发现这首唐代古诗的教学内容归根结底可以定为：知背景，译全诗，明情感。

2."这一学段"的教学内容

在小学古诗文教学内容的相关研究中，只有一篇文献研究了小学古诗文教学内容与学段之间的关系，即吴洋的《小学古诗文教学内容及教学方法的研究》，在这篇论文中，作者则是从分年级的角度，确定了不同年级段古诗文的教学内容。低年级（1—2年级）重在诵读，意思大概了解就可以了。重在培养学生的兴趣，训练读古诗文时的语感。中年级（3—4年级），增设了校本课程，适当扩大了古诗文的阅读积累量。高年级（5—6年级），选文中的道理逐渐加深，培养学生认识问题、分析问题的能力，并对文言文的一些知识有了进一步明确的了解。吴洋的这篇论文则是从校本课程教材开发的角度，对于不同学段的古诗文教学内容进行分析，得出的结论。但是该研究缺乏从教学的角度进行教学内容的分析和研究。除了这一篇文献，其他研究似乎根本没有谈及教学内容的学段问题，因此这是目前小学古诗文教学内容研究的空白之处。

（二）面临的若干教学难题

1.“只知其一，不知其二”

（1）对古诗文教学“知其一，不知其二”

当一线教师被问到“您认为古诗文教学对学生有什么意义”时，所有的一线教师一致认为古诗文对于学生的意义十分重大。一线教师认为古诗文有如下意义：“古诗文对学生终生有用”“弘扬中华文化”“提高学生审美”“培养学生思维”，等等。当问到“对于古诗文教学，您认为学生学到什么程度即可？”答案却是不尽相同。有教师认为是“积累运用”，有教师认为“看到一幅画想到一首诗”，有教师认为“培养学习古诗的兴趣”，有教师认为“学会鉴赏”，等等。可以说，这些想法都是美好的，这些认知也并没有问题。在一线教师眼中，古诗文教学是十分重要的，承担着相对比较重的教学任务。但是当深入问道：“那您认为可以达到这个意义吗？”或者“学生能够学到这个程度吗？”时，一线教师都表示出了迷茫和无奈，他们也没有一个明确的想法去实现这样的追求，也不知道当前古诗文教学应该怎么做才能更好地实现这些目标。

（2）对文体区分“知其一，不知其二”

当问到“您认为古诗和古文的教学内容一致吗？谈谈你的看法”以及“您

认为诗和词的教学内容一致吗？谈谈你的看法"这两个问题的时候，一线教师的回答让人既感到惊喜却又遗憾。让人惊喜的是，90%的一线教师认为诗、词和古文的教学内容应该是不一样的，说明一线教师在理念上认为古诗文教学内容的选择要考虑到学段特征。然而追问下去，"您能具体谈谈吗？"的时候，一线教师往往说不出个所以然来。有的一线教师直接回答"小学涉及的古文不多，相当于初中的试水，不能以专业的角度来回答这个问题"或"小学诗较多，词较少，很难做出回答"。因此在访谈的一线教师中，他们只是认为两者应该是有区别的，但是具体的区别在哪，却说不出个所以然来。在具体的实践教学中变成了一笔"糊涂账"，仍然没有突出不同文体的特征。这说明一线教师在选择和确定古诗文教学内容时，在文体区分方面只知其一，不知其二。

2. 教学重难点混乱

当教师被问到"您认为古诗文教学的重难点是什么"的时候，几乎所有的一线教师都认为把握诗情是古诗文教学的重难点。有些一线教师谈到了需要让学生体会古诗文的意境美。有些一线教师认为体会古诗文凝练的语言对学生来说也是有必要的。有的一线教师认为古诗文的意思需要学生去把握，只有1位教师认为在古诗文教学过程中需要教学生学会吟诵，也只有1位教师认为古诗文教学的重难点还包括古诗文的知识，他们认为的这个知识也仅仅只是针对高学段所进行平仄、韵脚等的讲解。另外，这类知识也并不是每节课都需要讲，可能仅仅只是某一节课的重难点。当问到"您认为对于古诗文教学来说，吟诵有必要吗？"时，90%的一线教师认为吟诵有必要，但是对大多数教师来说，它却不是教学重难点，那么也就意味着，对大多数教师来说，吟诵只是一种"教学方法"，但是若不教学生什么是吟诵，那又怎敢奢望学生从吟诵中感受意境、体会诗情呢？当问到"您认为对于古诗而言，教'意境'有必要吗？谈谈你的看法"时，几乎所有教师都同意意境教学是有必要的，但是也有一线教师提到有时自己都无法完全体会诗的意境，并且没有太多时间去研究的时候，就会跳过。实践也证明，意境的确往往会被一线教师忽略掉，他们甚至以为只要教了想象，意境的教学内容就算完成了。

第二节　依据文体特征确定教学内容

一、小学古诗文的文体特征

（一）古诗文的分类

古诗文知识不能凭空得到，必须有所凭借，这凭借就是教材中所选入的古诗文。本节以人教版新课标小学《语文》为例，所选入的古诗文分布如下表：

表4-3　人教版《语文》古诗文的分类情况

所属册数	数量	篇名	作者/作品出处	朝代	体裁	题材
一年级上册	2	《江南》	无	汉	汉乐府诗	田园风光
		《画》	王维	唐	五绝	田园风光
一年级下册	3	《静夜思》	李白	唐	五绝	羁旅乡愁
		《池上》	白居易	唐	五绝	田园风光
		《小池》	杨万里	宋	七绝	写景游记
二年级下册	4	《赠刘景文》	苏轼	宋	七绝	友情
		《山行》	杜牧	唐	七绝	写景游记
		《回乡偶书》	贺知章	唐	七绝	羁旅乡愁
		《赠汪伦》	李白	唐	七绝	友情
二年级下册	4	《草》	白居易	唐	五绝	友情
		《宿新市徐公店》	杨万里	宋	七绝	写景游记
		《望庐山瀑布》	李白	唐	七绝	写景游记
		《绝句》	杜甫	唐	七绝	写景游记
三年级上册	4	《夜书所见》	叶绍翁	宋	七绝	写景游记
		《九月九日忆山东兄弟》	王维	唐	七绝	羁旅乡愁
		《望天门山》	李白	唐	七绝	写景游记
		《饮湖上初晴后雨》	苏轼	宋	七绝	写景游记

续表

所属册数	数量	篇名	作者/作品出处	朝代	体裁	题材
三年级下册	4	《咏柳》	贺知章	唐	七绝	咏物抒怀
		《春日》	朱熹	宋	七绝	四时节候
		《乞巧》	林杰	唐	七绝	传统文化
		《嫦娥》	李商隐	唐	七绝	传统文化
四年级上册	4	《题西林壁》	苏轼	宋	七绝	人生哲理
		《游山西村》	陆游	宋	七绝	人生哲理
		《黄鹤楼送孟浩然之广陵》	李白	唐	七绝	友情
		《送元二使安西》	王维	唐	七绝	友情
四年级下册	6	《独坐敬亭山》	李白	唐	五绝	写景游记
		《望洞庭》	刘禹锡	唐	七绝	写景游记
		《忆江南》	白居易	唐	词	写景游记
		《乡村四月》	翁卷	宋	七绝	四时节候
		《四时田园杂兴》	范成大	宋	七绝	田园风光
		《渔歌子》	张志和	唐	词	田园风光
五年级上册	3	《泊船瓜洲》	王安石	宋	七绝	羁旅乡愁
		《秋思》	张籍	唐	七绝	羁旅乡愁
		《长相思》	纳兰性德	清	词	羁旅乡愁
五年级下册	3	《牧童》	吕岩	唐	七绝	田园风光
		《舟过安仁》	杨万里	宋	七绝	田园风光
		《清平乐·村居》	辛弃疾	宋	词	田园风光
六年级上册	5	《伯牙绝弦》	《列子》《吕氏春秋》	战国	古文	友情
		《诗经·采薇》	无	先秦	古体诗	爱国为政
		《春夜喜雨》	杜甫	唐	五律	四时节候
		《西湖·夜行黄沙道中》	辛弃疾	宋	词	写景游记

续表

所属册数	数量	篇名	作者/作品出处	朝代	体裁	题材
		《天净沙·秋》	白朴	元	曲	羁旅乡愁
六年级下册	12	《学弈》	《孟子·告子》	战国	古文	人生哲理
		《两小儿辩日》	《列子·汤问》	春秋	古文	人生哲理
		《七步诗》	曹植	三国	古体诗	亲情
		《鸟鸣涧》	王维	唐	五绝	写景游记
		《芙蓉楼送辛渐》	王昌龄	唐	七绝	友情
		《江畔独步寻花》	杜甫	唐	七绝	写景游记
		《石灰吟》	于谦	明	七绝	咏物抒怀
		《竹石》	郑燮	清	七绝	咏物抒怀
		《闻官军收河南河北》	杜甫	唐	七律	爱国为政
		《己亥杂诗》	龚自珍	清	七绝	爱国为政
		《浣溪沙》	苏轼	宋	词	人生哲理
		《卜算子·送鲍浩然之浙东》	王观	宋	词	友情

首先要说明的是，一年级整理的内容是按照 2016 年人教版（部编版）小学《语文》整理的，其他内容都是按 2001 年人教版小学《语文》整理的。

通过整理，可以发现，目前小学人教版通用的教材中，按体裁进行分类，七绝有 32 首，词有 7 首，五绝有 6 首，古文有 3 篇，古体诗 2 首，汉乐府诗 1 首，五律 1 首，七律 1 首，和曲 1 首。说明七绝这种体裁占小学古诗文的比例最高，其次是词，再者是五绝。若按题材进行分类，写景的古诗文有 14 篇，友情的古诗文 8 篇，羁旅乡愁的古诗文 8 篇，田园风光的古诗文 8 篇，人生哲理的古诗文 5 篇，四时节候的古诗文 3 篇，爱国为政的古诗文 3 篇，咏物抒怀的古诗文 3 篇，传统文化的古诗文 2 篇，亲情的古诗文 1 篇。说明在人教版小学语文的教材中，写景的古诗文所占据的比重最大，其次就是友情、羁旅乡愁和田园风光了。若按朝代进行分类，唐代的古诗文占据 27 篇，宋代的古诗文有 16 篇，春秋战国的古诗文有 3 篇，清代的古诗文有 3 篇，先秦的古诗文 1 篇，三国的古诗文 1 篇，汉代的古诗文 1 篇，元、明的古诗文各 1 篇。说明在人教版小学语文教材中，以唐宋时期的古诗文为主，占比接近 80%。从表 4-3 中还可以发现，即使是同一种体裁的古诗文，题材也有不同，而不同体裁的古诗文也许题材是相同的。

这里还需要特别指出的是，教材中的选文并非等同于教学内容。王荣生教授对于语文教材中的选文，还鉴别了 4 种不同的功能类型。他指出：语文教材中有一类选文，是构成文学、文化素养现实所指的经典作品（定篇），它们确实是语文课程与教学的内容，而且是极为重要的内容。而古诗文是中华民族的经典文化，古诗文教学担负着提高学生文化素养的使命。因此古诗文的功能类型就是定篇，是教师必须让学生彻底、清晰、明确地领会的作品。教材的这种呈现方式，并不意味着教学内容就一定是教材内容，教师可以自己调整教学内容，将某些教材内容进行整合、重构等。例如，在教五绝的时候，要突出五绝的特点，就可以将同一体裁的诗一起进行教学。在教古诗文中思乡诗的时候，可以把同为表达思乡的几首诗组合起来进行教学。而研究者进行如此细致地分类，是为一线教师关于教学内容的确定提供更便捷的依据。

（二）古诗文的特点

古诗文作为中华民族传统优秀文化的瑰宝，有着其独特的魅力。古诗文历史悠久，语言优美，题材丰富，内容多样，情感真挚。如辛弃疾的《清平乐·村居》、刘禹锡的《望洞庭》、龚自珍的《己亥杂诗》等，这些古诗文或语言清新优美，或包含着真挚的情感，或道出人生的深刻哲理。宗白华先生说过："诗和春都是美的化身，一是艺术的美，一是自然的美。"古诗文是汉语言文学中独有的一种文体，它有着特殊的表达，还有着丰富的内容与深刻的情感。它有着区别于其他文体的特点：

1.语言精练，注重押韵

小学古诗文在语言方面主要有以下两个特点：

（1）语言精练

朱光潜先生在《诗论》中曾提到：诗应该用"活的语言"，但是"活的语言"不一定就是"说的语言"，"写的语言"也是活的。就大体说，诗所用的应该是"写的语言"而不是"说的语言"，因为写诗时情思比较精练。古诗文的语言简洁、扼要，没有多余的内容，用最简洁的内容进行表达，同时古诗文中常常会运用典故，因此古诗文虽篇幅相对短小，但也诗意丰盈。

如王昌龄《芙蓉楼送辛渐》中的"洛阳亲友如相问，一片冰心在玉壶"，这句诗就运用了典故。早在六朝刘宋时期，诗人鲍照就曾用"清如玉壶冰"（《代白头吟》）来比喻高洁清白的品格。自从开元宰相姚崇作《冰壶诫》以来，盛唐诗人如王维、崔颢、李白等都曾以冰壶自励，推崇光明磊落、表里澄澈的品格。诗人以晶莹透明的冰心玉壶自喻，正是基于他与洛阳师友亲朋之间的真正了解和相互信任，表达了他对洛阳亲友的深情。

又如杜甫的《春夜喜雨》中的"好雨知时节，当春乃发生"，这句诗描写春雨适时而降。春天下雨，本来是一种极其平常的自然现象，它本无感情和知觉可言，但这首诗把无知无情的春雨人格化了，赋予春雨以人的思想情感，似乎它很了解人们盼雨的心情，能"知时节"而降。这种以无知为有知，以无情为有情，写出了雨的精神，写出了雨的灵性。正因为是"当春"之雨，才显出雨之可惜可贵。一个"好"字，既统率全篇，又奠定了喜悦情感的基调。从中能看出古诗文的字词推敲、语言凝练。

（2）语言注重押韵

古诗文是一种可以"吟"或"唱"的特殊文体，读起来抑扬顿挫、节奏分明。特别是小学阶段的古诗文，在声律上节奏感强、朗朗上口，对小学生有一种特别的吸引力。

诗人在创作古诗词的时候注重押韵，平仄相对，不同体裁的古诗词押韵的方式也不同，不同格律诗的节奏也是不一样的。如五言诗有"二三式"："床前/明月光"，还有"二一二式"："低头/思/故乡"；七言诗有"二二三式"："少小/离家/老大回"，还有"二二一二式"："烟花/三月/下/扬州"等。

2.意象丰富，营造意境

诗歌是渴望情感、感受和想象，是可及的心理状态，它把情感融进物象，借助跨越时空的想象，使它的情思与意象有了立体的感觉，从而形成了一种诗性空间，给人以美感，即所谓诗歌的意境。

小学阶段的古诗词中，有很多意象。①以月为意象的。如李白《静夜思》中的"举头望明月，低头思故乡"，这里的月寄托了思念家乡的情感，以及内心的伤感之情。如王安石《泊船瓜洲》中的"春风又绿江南岸，明月何时照我还"，这里的"明月"指的是故乡的那轮明月，诗人思念家乡的情感跃然纸上。②以柳为意象的，多以"柳"来表达不舍之情。如《诗经·采薇》中有"昔我往矣，杨柳依依"，又如王维的《送元二使安西》"渭城朝雨浥轻尘，客舍青青柳色新"，这些都是用"柳"来表达诗人的不舍之情的。③以孤舟或孤帆为意象，多与诗人的漂泊羁旅联系在一起。如李白的《望天门山》中的"两岸青山相对出，孤帆一片日边来"，又如柳宗元的《江雪》中的"孤舟蓑笠翁，独钓寒江雪"。还有其他许多意象，在这里就不一一列举了。

古诗词的意象是融入了作者情感的物象，是属于个人的，带有主观性的；而意境是一种境界和情调，是整体的，它由意象表达或诱发，要通过体悟才可感知。

显而易见，小学阶段的古诗文也十分注重意境。如柳宗元的《江雪》中的"千山鸟飞绝，万径人踪灭。孤舟蓑笠翁，独钓寒江雪"，这首诗只用了20个字，就能让读者眼前出现一幅幽静寒冷、雪中独钓的画面，通过这种苍茫旷野的意境，来表现独钓寒江的老翁形象，衬托诗人内心的孤高清傲、凛然不屈。如王维的《鸟鸣涧》中的"人闲桂花落，夜静春山空。月出惊山鸟，时鸣春涧中"，这首诗创造了一种静谧的意境，以花落、月出、鸟鸣等这些动的景物，凸显出春涧的幽静。

3.风格多样，传达情感

古诗文作为一种文学作品，反映的是作者内心深处的感情，同时也体现了作者的创作风格。古代文人通过不同的题材、语言、情感的表达等，形成了自己的特色。李白的诗飘逸洒脱，豪放大胆。如"飞流直下三千尺，疑是银河落九天"，又如"桃花潭水深千尺，不及汪伦送我情"，用夸张的手法，展现出豪放的风格。王维的诗恬淡生动。如"春去花还在，人来鸟不惊"，给人一种"诗中有画，画中有诗"的感觉。苏轼的词旷达豪迈，乐观豁达。如《浣溪沙》中"谁道人生无再少？门前流水尚能西！休将白发唱黄鸡"。还有杜牧的英俊豪纵、高适的雄浑深刻、贺知章的直率、杜甫的沉郁顿挫等。

（三）诗、词、文的特点

仅仅只是把古诗文与其他文体相区分还不够，还需要对古诗、古词和古文这三者的文体特征也进行区别。

1.古文与古诗词的区别

文言文，是以"文言"这种古代书面语写成的文章，包括先秦时期的作品以及后世历代文人模仿先秦书面语写成的作品。古代最早的"文""文章"是泛指诗、文、辞赋等各类文体，到唐代将"诗"与"文"区别开，到韩愈提出"古文"的概念，从文体形式看，"古文"就是散体文，所以又有"古典散文""古代散文"的名称，包含载道、明道的思想内容，这是文言文的特征。"文言"有相当严格的词汇句法系统，战国到两汉的作品可以当作"文言"的标本。从外延来看，"文言文"指古代诗、词、曲、小说以外的各体文章，主要包括散体文、赋与骈文等。所以在文本形式上，古文就和古诗词有着本质的区别。在小学阶段，文言文所占数量较少，以人教版语文教材为例，文言文才占3篇，并且文言文的内容相对比较浅显，学生能够借助一定工具理解文章内容。教师在选择教学内容时尽可能突出文言文的特征，让学生从仅有的少量文言文中了解这种文体，感受文言文的魅力。

2.唐诗与宋词的区别

在小学阶段的古诗文中，以唐诗为主，其次就是宋词了。唐诗和宋词在许多方面都存在着不同，本研究就从以下几个方面展开：

（1）在风格情调上，诗庄词媚。"诗庄"是说诗表现出一种庄严、庄重的调子，内容是庄严正大的，语言是正正当当的。"词媚"自然是指词主要写的是儿女情长，内容表现得柔媚婉转，有些哭哭啼啼的腔调。例如同是怀古题材，诗多沉郁苍凉，词则喜好融入浓艳之情。

（2）在句式上，以词依附的燕乐曲调为标准，凡是燕乐曲词，都是词而不是诗，否则便是诗而非词，不管其句式如何。所以两者在句式上以燕乐曲调为标准，也有着明显的区别。

（3）在形式上，明人徐师曾《文体明辨序说·诗余》说："诗余（词的别名）谓之填词，则调有定格，字有定数，韵有定声。至于句之长短，虽可损益，然亦不当率意而为之，譬诸医家加减古方，不过因其方而稍更之，一或太过，则本方之意失矣。"这些话简要地说明了词在形式方面的特点。所谓"调有定格"，是说各个曲调都有自己的特定格式，它包括句数、各句不同的字数、各句中的平仄位置以及韵脚的位置。这些一般是一个曲调的一种格式，是不能随便改变的。所谓"字有定数"，既指各调词的总字数，也指各句或长或短的固定字数。所谓"韵有定声"，既指韵脚的声调，也指句中各字的声调，这些也比较固定。虽然有时可以变化，但变化也有变化的格式。特别是韵脚，不但有固定的位置，而且有些曲调必须换韵，而换韵的位置也是固定的。尤其还固定了韵脚或平或仄的声调。但在近体诗中，就没有这许多规矩。

（4）在表现内容上，诗是言志的，是抒写怀抱志趣的，诗人大多通过诗来表达政治主题、家国情怀。词则不同，大多言情，多抒发离愁别恨、儿女情长。

（5）在语言上，诗的语言比较正规和正式，即使是通俗诗，也缺乏口语语气。而词的语言，有些用了口语或接近口语的语言，有些词则是口语和书面语相杂。另外，诗的语言比较庄重，词的语言相对精美细腻。

二、名课研习：突出文体特征

通过学理上的分析，证实古诗、古词和文言文这三种文体自身存在着明显的差异，这就要求教师在选择教学内容的时候要突出文体特征。本文选取了高学段的两位名师执教的不同文体，分别是词的代表——王崧舟老师执教的《长相思》和文言文的代表——朱文君老师执教的《性缓》，通过对两位名师的名课研习，发现名师在教学内容的选择和确定时能够突出文体特征。

（一）词的传情——王崧舟老师执教的《长相思》

1.词《长相思》

《长相思》是清代纳兰性德的一首词，是人教版小学《语文》五年级上册《第二单元》中的一首词，是《古诗词三首》中的一首词。编选这篇课文，是希望学生能够明白即使同是思乡题材的古诗词，表达方式也可以不同。教师要引导学生通过诵读，从字里行间体会诗人浓浓的思乡之情，并且感受作者的表达方式。

长相思

[清]纳兰性德

山一程，水一程，身向榆关那畔行，夜深千帐灯。风一更，雪一更，聒碎乡心梦不成，故园无此声。

2.王崧舟老师执教的《长相思》的教学内容

王崧舟老师执教的《长相思》，"堪称诗词教学之经典"（钱正权老师评价），其中的教学内容也足以见教师教学的艺术匠心。王老师在选择和确定教学内容的时候突出了词的特点、词的传情。王老师执教的《长相思》主要是通过诵读感受诗人的情感，同时感受词能传情的特点。教学内容落点有5个：

（1）导入：以诗导入。

（2）字正腔圆、有板有眼地朗读，读出停顿，读出词的韵味。在读的时候加入相应的词的知识元素。

（3）从"身"和"心"两个方面理解词意。

（4）展开想象，想象"征途"的情境和"故园"的情境，让学生感受诗人的思乡之情。

（5）进一步理解诗人的情感，理解诗人身在征途心系故园的矛盾心理，背后其实是建功立业的壮志和理想。

教学内容落点（1）以思乡诗导入。教学内容落点（2）是贯穿于整堂课中的，随着学生对于词的理解不断加深，朗读也不断深入。在读的过程中，教师还通过讲解词的相关知识点，让学生更加字正腔圆地朗读。教师通过提问"诗和词有什么不同？"让学生明白词的相关知识，如：词有词牌名、长短句、上下阕等。教学内容落点（3）是通过教师引导学生从"身在哪里"和"心在哪里"两个地方思考，水到渠成地理解词意。教学内容落点（4）地切入处一个是"身"，一个是"心"。教师不是简单讲"身""心"这两个字，而是从"身"去延展，让学生看到画面，不是看到一点画面，而是将整个诗词画面都联系起来。最后回到"碎"，回到现在所在的事情，回到一开始所讲的乡愁。教学内容落点（5）通过"问君何事轻离别，一年能几团圆月"的问句，设置问夫、问父、问兄等情境，让学生理解诗人并不是"轻离别"，而是建功立业、报效祖国的情感与思念家乡之间的矛盾，理解词人复杂的内心情感。

3.评议与分析

（1）以词本身的特点学会诵读

在课上，王老师一直在强调诵读，强调读词要读出自己的感觉来，读出自己的味道来。通过多次生读、师范读等，让学生注意不同的停顿，可以读出不同的感受，并让学生体会和学会"有板有眼""字正腔圆"地读。然而，这是远远不够的。王老师在课堂上教了很多老师可能都不会教的内容——词的相关知识。通过在读的过程中加入知识的元素，让学生明白字的意思和词具有传情的特点，词本身具有的抑扬顿挫、曲折有致的节奏感。就拿"更"这个知识点来说吧：

师：我再给大家提供一个词，也许大家立马就能知道"更"指什么。有一个成语大家都知道，"半夜三更"，半夜就是三更，三更就是半夜，这里的"更"和什么有关？

生：这里的"更"是指半夜。半夜风也来了，雪也来了，把梦都刮碎了。

师：他发现了一个关键的信息，这里的"更"和半夜有关，和晚上有关。其实，"更"是古时候一个记时间的单位。晚上的时候，一更大约两个小时。时间长不长？（生：长）谁来读一读，把这种长的感觉读出来。

生1：风一更，雪一更，聒碎乡心梦不成，故园无此声。

师：才读了半更，再长一点。

生2：风一更，雪一更，聒碎乡心梦不成，故园无此声。

师：不错！这里可不仅仅只有一更，而是一更又一更。风雪歇掉了吗？停止了吗？没有，这一个晚上就在风雪交加之中，很长、很长。我们一起再来读一读，准备，"风一更，雪一更"起……

在有的地方上课时，王老师会追问为什么这里用"风一更，雪一更"，而不是"风雪一更又一更？"经过教师这么一反问，小学生自然而然就能联想到与前文"山一程，水一程"相互照应，王老师告诉学生这就是"互文"。词的这种表达，使得学生读起来更有韵味。但是王老师教学生这些词的知识，并非只是单单教知识，而是让学生明白词的这种特点，它不同于诗，让学生在明白这种特点的基础上，学会读词，体会到词的音律、节奏，并且感受词的特点。

（2）以词传情的特点理解情感

在对词有了一个基本的了解之后，王老师就开始让学生进入到诗词中去了，让学生明白在这凝练的语言背后都是诗人丰富的情感，接着学会感悟，丰富理解，层层递进，最后词人那丰富的情感也就水到渠成地被感知和体悟了。王老师通过两个提问"身在何处"以及"心在何处"，通过让学生站着，创设情境，让他们基本理解了词的意思。接着引导学生进行画面想象，理解诗人这种身心之间的矛盾，营造画面让学生从"心"感受画面，再回到"身"，回到"碎"，回到一开始所讲的乡愁。最后王老师紧接着给学生们出示《菩萨蛮》中的两句诗"问君何事轻离别，一年能几团圆月"，从而理解诗人那渴望建功立业、报效祖国的情感，思念家乡、思念亲人的情感，都在这短短的几句词中，从而引导学生理解诗人复杂的内心情感。

王崧舟老师曾指出：古典诗词的教学包括文言文的教学，感受古人的情怀是最重要的一个落点、最重要的一个取向，是教古典诗词最根本的追求。古典诗词的教学其实就是要连接学生和诗词，需要在教学中一步步让学生去感受、理解。古诗词的美是需要学生进行整体把握的，如果在教学过程中过于强调对文字意义的解释，而将古诗词进行分解，那么诗词的韵味就会丧失，美感也就随之流失了。对于《长相思》这首词而言，只需要从总体上感受，无需刻意解释词意或者花大量时间翻译。词情确是最难理解的，但如果教师一旦突出了词的特点、词的传情，那么词情也就能够理解了。

（二）"走进"小古文——朱文君老师执教的《性缓》

1.《性缓》

近年来，朱文君老师在各地大力推动小古文教学的研究，还自己编写了《小学生小古文100课》的教材。目前就拿人教版语文教材为例，在小学阶段的文言文只有3篇，但是到了初中阶段，文言文比例一下子就占了20%左右，而且在考试中必定会出现。这就出现了一个学习上的"断层"。《性缓》这篇文言文就是出自朱文君老师编写的《小学生小古文100课》，选自《明清笑话集》。

性缓

一人性缓。冬日共人围炉，见人裳尾为火所烧。乃曰："有一事见之已久。欲言恐君性急，不然又恐伤君。然则言是耶？不言是耶？"人问何事。曰："火烧君裳。"其人遽收衣而怒曰："何不早言！"曰："我道君性急，果然。"

2.朱文君老师执教的《性缓》

朱文君老师执教的《性缓》在1个课时内完成。《性缓》这篇小古文选自《明清笑话集》，是目前教材中所没有的。《性缓》的核心教学内容是理解故事大意，学会释义的方法，并且能够初步感受文言文，激发学生对文言文的兴趣。教学内容的落点有5个：

（1）导入：以"性急"的人的故事作为引子。

（2）教师与学生共同猜测故事的情节发展，并且共同理解文言大意。

（3）启发学生概括学习文言文的方法：组词法、拆词法、上下联系法等。

（4）正确流利、有感情、分角色地朗读文言文。

（5）出示填空"其人曰：_____"让学生以文言的方式续写一句话。

在教学内容落点（1）中，朱老师的导入是非常有意义的，绝非是"节外生枝"，也不是为了"套近乎"，而是为学习《性缓》做了一个很好的铺垫，让学生有了一个初步的印象，"性急"的人是如何的。在教学内容落点（2）中，教师按照故事的情节发展，一句句地出示文字，在出示每句话前，教师先让学生猜一猜，教师出示句子，共同解决释义的问题。对重点或难点的词句进行讲解，如"遽"的讲解。教学内容落点（3）是在教学内容落点（2）

的过程中进行的，教师在释义的过程中让学生发现文言文释义的方法，并且给学生"戴高帽子"，命名成以学生名字为主题的方法，如"杨天赐组词法"。教学内容落点（4）基本贯穿于整个教学过程中，主要是教学生分角色绘声绘色地朗读。通过生读、师范读等，学生明白在读文言文的时候不仅要语气得当，表情甚至动作都要求达到同步。教学内容落点（5）是整节课的结尾。教师出示填空，让学生按照故事的发展以文言文的方式续写一句话，锻炼学生文言文的思维。从教学层面上来说，朱老师的这堂课让我们重新把握了文言文的教学内容，只要教学内容明晰，文言文也可以教得如此生动有情趣。

3.评议与分析

文言文对于小学生而言，是陌生的，是生涩的，容易出现"畏难"情绪。但是朱老师紧紧抓住了文言文的文体特征。文言文单音成义，单字成词，对小学生来说，他们对于文言意义的认知是整体性的，所以他们往往能够"猜读"到具体的意思是什么。朱老师利用小学生对故事结局的好奇心，在课堂中让学生猜测词语和句子的意思，同时也让学生猜测故事中人物的心理和最后的结局。朱老师深知文言文的特色，所以往往都是在读的基础之上，让学生猜测具体的意思是什么，再对重点词语进行猜测和解析。

师：看来，你们的性子还不够慢。咱们看看文中的慢性子是怎么说的。

（出示："有一事，见之已久，欲言恐君性急，不然又恐伤君。然则言是耶？不言是耶？"）

师：（先读）什么意思？

杨天赐：有一件事，我见到已经很久了。说吧，怕您性子急，不说怕你受到伤害。

师：这个"恐"就是……

杨天赐：恐怕。

师：你自己用了组词法。那后面一句话呢？

生：那我是说，还是不说呀？

师：是这个意思。看来古文真难不倒大家。不过，刚才我们发现古文里大多一个字就是一个词。那么这里的"不然"（板书：不然），就是我们现在说的"不然"吗？还是要拆开来理解呢？

（生语塞）

师：老师告诉你们，这个"然"，是"这样"的意思，我们现在说的"当然""不然"和"然后"，其实都是"这样"的意思。（板书：这样）

师：那么"不然"就是……

生：不这样。

师：对啊，刚才我们用组词法来理解意思，这回我们把一个词拆开来理解。这个法子，我们也给它取个名字……

生：拆字法。

师：你叫什么名字？

生：陈锡明

师：好，陈锡明拆字法诞生了。

师：拆完了"不然"，再拆"然则"。这样的话，那么……

生：我说呢怕你性急，不说呢怕你受伤，既然这样，那么是说呢还是不说呢？

师请生解释"是""非""耶"的意思。

朱老师的组词法、拆字法等都是根据文言文的单音成义、单字成词的特点来的。通过这样的教学，消除学生的"畏难"情绪，通过"戴高帽子"，让学生进一步觉得文言文不在话下，从而激发学生学习文言文的热情。教师的教学内容从文言文的特点出发是合宜的。朱老师在讲解完了整篇文言文之后，并不是让学生分析其中的道理或从中得到的启发，并非把它当成白话文教，并非只注重一个翻译的过程，让学生经历从文言文到白话文的走出过程。相反，朱老师又让学生进入到了文言文。朱老师让学生读文言文的过程，其实是语言积累的过程，让学生大致了解"文言"的话是如何表达的。所以在这之后，朱老师让学生续写，于是就出现了学生的反馈，效果甚好。

（出示填空：其人曰：＿＿＿＿＿＿＿）

（学生写）

生：遇到事情要看情况，不能都那么慢。

生：我知道你为我好。不过以后说话要看是大事还是小事。

师：有没有人用古文写的？

生：凡事要分清缓急。当缓则缓，当急则急。

生：吾不怪汝。但今后遇事定要分清轻重缓急。

朱老师虽然没有在续写前要求学生用文言文的方式进行描写，但是看回答来说，有学生就自觉用了文言文的形式，这就说明学生已经"走进"文言文里了，而且还会表达了。从学生的反馈情况来看，他们的表达四字一顿，节奏分明。虽然在教学过程中老师并没有点明这种音韵的规律，但是小学生在学习的过程中自然而然地明白并把握了文言文的这个特点。

三、课例综述：文体意识有待清晰

学理上要求在选择古诗文教学内容的时候，教师需要考虑到文体意识，而目前也有名师力求在教学内容上突出古诗文的特点来，让学生更好地学习这类文体，通过课例综述可以发现，目前普通的一线教师的文体意识仍然有待清晰。本研究选取中高学段的古诗文，对《黄鹤楼送孟浩然之广陵》《长相思》以及《伯牙绝弦》进行课例综述。

（一）诗、词的文体特征尚较模糊

——《黄鹤楼送孟浩然之广陵》和《长相思》课例综述

1.《黄鹤楼送孟浩然之广陵》课例综述

（1）《黄鹤楼送孟浩然之广陵》文本解读

这首古诗是一首充满诗意的送别诗。"故人西辞黄鹤楼"，这句诗不仅只是点题，也交代了送别的地点。"烟花三月下扬州"，在"三月"上加"烟花"二字，把送别环境中那种诗的气氛涂抹得尤为浓郁。此句诗意境优美，文字绮丽，清人孙洙誉为"千古丽句"（《唐诗三百首》）。但是这对于学生的理解而言，是有难度的。诗的三、四句通过对自然景物和送别情景的描写很巧妙地表达了依依惜别的情感。楼头话别，孟浩然登船启程了。诗人依然伫立江边，目送故人所乘船只远去，渐渐消失于白云碧水之间。看似是在写景，但在写景中饱含着充满诗意的细节和情感。诗人除了对朋友远行的依依惜别之外，还有对不能同游的惋惜，对烟花之地的无限神往等。而对学生来说，可能只能理解到送别之情，至于诗人内心其他的情感可能无法领会。

另外，这种充满诗意的画面感，学生可能也无法完全想象和理解。这也就需要教师结合此学段小学生的认知水平，找到合适的"抓手"。

黄鹤楼送孟浩然之广陵

［唐］李白

故人西辞黄鹤楼，

烟花三月下扬州。

孤帆远影碧空尽，

唯见长江天际流。

（2）《黄鹤楼送孟浩然之广陵》教学内容综述

《黄鹤楼送孟浩然之广陵》在实际教学中一般安排为1个课时，下面是在知网上收集的相关的18个课例，按照教学内容的相似性，对这些课例的教学内容进行归纳和总结。先分析每一类课例的教学内容落点，然后对落点进行详细描述。教学内容总共可以分为3类，如表4-4。

表4-4 《黄鹤楼送孟浩然之广陵》教学内容的分类

		第一类：普通老师（16个课例）	第二类：白晶老师（1个课例）	第三轮：孙双金老师（1个课例）
教学内容落点	落点(1)	解诗题，理解题目意思，重点了解黄鹤楼和广陵的地理位置，以及"之"这个字的意思。并让学生学会书写"孟""陵""鹤"等字	理解送别诗，明白古人写送别诗的目的	补充相关背景资料，理解诗题
	落点(2)	明诗意，理解诗歌的主要意思。补充相关背景资料	在吟诵中理解诗意，体会诗情。标出诗句的平仄，理解变格的意思和"人"字的变格。关注"尤"韵，体会愁绪	整体感知诗意

续表

	第一类：普通老师（16 个课例）	第二类：白晶老师（1 个课例）	第三轮：孙双金老师（1 个课例）
落点(3)	感悟诗歌所表达的朋友惜别的深厚情感	学会吟诵故事并且能够自创调子，表达理解	理解送别诗的送别方式，体会诗人的感情之深。感受离别之情
落点(4)	朗读诗歌，学会断句，能够有感情、有节奏地朗读诗歌		学会吟诵，即"摇头晃脑"地有一定节奏地诵读
落点(5)	补充其他的送别诗		

第一类（16 个课例）：教学内容落点（1）以送别音乐导入或者教师谈话导入，揭示诗题，以地图的方式让学生了解黄鹤楼和广陵的地理位置。理解"之"的意思是"到、去"。明确送别的时间、地点、人物，并且以书空的方式学习"孟""陵""鹤"等字。教学内容落点（2）一般通过学生提出疑问，教师组织释疑的过程理解诗歌的主要意思，教师适当补充相关的背景资料，如李白和孟浩然的交往过程等。重点理解"烟花三月""下扬州""孤帆""碧空尽"等词义，最后指导学生整体理解全诗的意思。教学内容落点（3）重点是理解三、四句这两句诗，想象诗歌描绘的情景，想象"孤帆远影"的画面感。感受诗人此时此刻的所想所感，结合吟诵，体会诗人的送别情。教学内容落点（4）贯穿于诗歌教学的整个部分，教师强调节奏，指导学生朗读。教学内容落点（5）教师进行送别诗的补充，如《送元二使安西》《赠汪伦》《别董大》等，以备积累。

第二类（1 个课例）：白晶老师执教的《黄鹤楼送孟浩然之广陵》，重点是吟诵，让学生通过吟诵来体会诗情，通过声音来表达理解。白晶老师在这堂课中不仅教学生学会吟诵，还把吟诵的知识教给了学生，如在处理古诗的平仄以及音律的问题时，白晶老师通过提问"为什么不用合律的'故友'而用'故人'呢？"引导学生们了解和明白吟诵的规则，让学生在吟诵的过程中体会区别，感悟诗人的情感。又如"尤"韵的问题。学生们通过体会"尤"韵的声音，去感受情绪的不同。最后还教给学生创调子的方法，达到语用的目的。

第三类（1 个课例）：孙双金老师选择了 4 首诗进行送别组诗的教学，分别是：《赠汪伦》（李白）、《黄鹤楼送孟浩然之广陵》（李白）、《别董大》（高适）和《渭城曲》（王维）。教学落点（1）和（2）都是把握对诗歌的整体感知即可，无须对诗句意思理解透彻。教学内容落点（3）主要是教师根据不同的古诗，设计一个情感的切入口。针对《黄鹤楼送孟浩然之广陵》这首诗的教学，孙老师设计了这么一个问题："李白站在黄鹤楼前送别好友孟浩然，送了多长时间呢？请大家展开想象，根据诗句想象送别的时间。"引导学生体会在"以目相送"中饱含着的是诗人的情感。教学内容落点（4）贯穿于整节课堂中，教师引导学生注意节奏、语速，以及"摇头晃脑"地吟诵，学习古人的吟诵方式。

（3）《黄鹤楼送孟浩然之广陵》教学内容评议

就古诗文而言，我们将其分为识字与写字、诗文大意、意境、诵读、语言、文学知识（包括背景资料的介绍、作者的介绍、补充的其他诗歌等）、情感这 7 个部分。并且对一节课最重要的核心教学内容进行加粗表示。如表4-5：

表4-5 《黄鹤楼送孟浩然之广陵》核心教学内容的分类

		第一类：普通老师（16 个课例）	第二类：白晶老师（1 个课例）	第三类：孙双金老师（1 个课例）
核心教学内容	识字与写字	√		
	诗文大意	√（重点）	√	√
	意境			
	诵读	√	√（重点）	√
	语言			
	文学知识	√	√	√
	情感	√	√	√（重点）

可以发现，大多数的教师在进行《黄鹤楼送孟浩然之广陵》这首古诗的教学时，往往会按照古诗词的三部曲来进行，即：解诗题，明背景；品词句，

明诗意；悟诗情。教学内容的重点仍然停留在诗文大意这一层面。当然白晶老师执教的《黄鹤楼送孟浩然之广陵》着重于诵读，在于让学生学会如何进行诵读。孙双金老师则对于教材很敏感，处理教材的方式很独到、很新颖。他把李白的《黄鹤楼送孟浩然之广陵》《赠汪伦》、王维的《送元二使安西》、高适的《别董大》进行组合教学。通过这样的组合教学，让学生发现都是送别友人题材的古诗，但表达的方式可以是多样的。因此孙双金老师教学内容的落点则是送别诗的诗人表达方式。

　　在前面的文本解读中也提到过，这首古诗创造了一副空旷而又苍凉孤独的画面，意境优美，文字绮丽，情景交融，细节传神。那么这些方面是否需要成为教学内容呢？本文只是提出了疑问。

　　2.《长相思》课例综述

　　（1）《长相思》文本解读

　　王崧舟对《长相思》进行了细致地文本解读，他提到：《长相思》上阕叙事，是实写，着力写一"身"字，一程一程者，身之行迹也；下阕抒情，是虚写，着力写一"心"字，一更一更者，心之浪迹也。身无所居，心无所安，能不忆故园乎？全词共出现 5 种意象，即：山、水、灯、风、雪。山水意象寓征途羁旅之苦，风雪意象寓怀乡思归之情。入思的意象都很平常，但却意味蕴藉、意境深邃。该词情景交融，诗人于清丽哀婉之中又不乏边塞之雄奇风情的描述，这两者结合在一起，升华了羁旅怀乡的主题。

　　（2）《长相思》教学内容综述

　　《长相思》在实际教学中一般安排为 1 个课时，本文在知网上收集了相关的 10 个课例，按照教学内容的相似性，教学内容总共可以分为两类：第一类则是普通老师上的课例，共 9 个课例；第二类则是王崧舟老师执教的《长相思》，这一类前面已详细分析，在这里就不做赘述了。这 9 个课例的教学内容落点如表 4-6。

　　这一类词的教学内容落点（1）主要是通过本单元所学习的前两首诗《泊船瓜洲》和《秋思》导入，告诉学生本课也学习一首思乡诗，或者直接导入，教师介绍相关诗歌背景、诗人资料。教学内容落点（2）通过朗读，学生交流不懂的知识，在教师的组织和引导下，依次解决难点，读懂词意。教学内容落点（3）教师通过范读、听读等方式让学生有感情地朗读。教学内容落点（4）主要是通过"身在何处""心在何处"的提问、想象、质疑等，让学生体验诗人身在征途、心系故园的矛盾心情，从而体会诗人的思乡之情。教学内容落点（5）主要是教师通过补充同类题材或同个诗人的诗歌，激发学生热爱古诗词的美好感情。

表4-6　《长相思》普通老师的教学内容

		第一类：普通老师（9个课例）
教学内容落点	落点(1)	导入：以思乡诗导入，或者直接介绍诗人背景资料。
	落点(2)	理解"山一程""千帐灯""聒碎乡心"等词语的含义，进一步读懂词作大意。
	落点(3)	字正腔圆地朗读词，感受词的韵律。
	落点(4)	感悟诗人思乡之深沉。
	落点(5)	激发小学生学习古诗词、热爱古诗词的美好情感。

（3）《长相思》教学内容评议

将《长相思》这一类课例的教学内容落点经过整理，并且概括出本节课的核心教学内容。如表4-7：

表4-7　《长相思》普通老师的核心教学内容

		第一类：普通老师（9个课例）
核心教学内容	识字与写字	
	诗文大意	√（重点）
	意境	
	诵读	√
	语言	
	文学知识	√
	情感	√（重点）

如表4-7所示，可以发现，第一类课例的教学内容仍然是古诗词教学三

部曲：解诗题，明背景；品词句，明诗意；悟诗情。最核心的教学内容则是诗文大意和诗情的把握。

3.对比与发现

将《黄鹤楼送孟浩然之广陵》普通老师的 16 个课例的核心教学内容与《长相思》普通老师 9 个课例的核心教学内容进行对比，见表 4-8。

表 4-8　《黄鹤楼送孟浩然之广陵》和《长相思》核心教学内容对比

		《黄鹤楼送孟浩然之广陵》	《长相思》
核心教学内容	识字与写字	√	
	诗文大意	√（重点）	√（重点）
	意境		
	诵读	√	√
	语言		
	文学知识	√	√
	情感	√	√（重点）

如表 4-8 所示，通过横向比较可以发现，古诗和古词教学内容出奇地一致。古诗文教学在小学的实际课堂上，就是变成了从解题开始，介绍背景资料，解释诗文大意，最后点明作者或本篇的思想情感。当然随着以学生为主体的教学理念地不断深入，教师在教授时会采取以学生为主体的教学方法，比如合作学习等。但是如果我们抽丝剥茧，就会发现实质的教学内容的相同性。在忽略了文体差异性的基础上，往往会导致教学内容的趋同性，从而使得学生得不到真正的知识。

（二）"文言味"缺失——《伯牙绝弦》课例综述

1.《伯牙绝弦》文本解读

《伯牙绝弦》选自《列子·汤问》，是人教版小学《语文》第十一册的一篇文言文，也是小学语文人教版教材中的第一篇文言文。

伯牙绝弦

伯牙善鼓琴，钟子期善听。伯牙鼓琴，志在高山，钟子期曰："善哉，峨峨兮若泰山！"志在流水，钟子期曰："善哉，洋洋兮若江河！"伯牙所念，钟子期必得之。子期死，伯牙谓世再无知音，乃破琴绝弦，终身不复鼓。

《伯牙绝弦》篇幅短小，但容量很大，可谓字字珠玑。文章讲述了一段发生在春秋时期的故事。俞伯牙擅长鼓琴，钟子期擅长悟琴。后来钟子期不幸身亡，俞伯牙悲痛欲绝，把琴摔碎，终生不再鼓琴。由于这个传说，人们常常用"高山流水"来比喻乐曲高妙或知心朋友。特级教师罗才军在对《伯牙绝弦》文本细读中提到：从整个文章的篇章布局来看，可与《高山流水》的曲式相应，"起、承、转、合"，一波三折。一句为起，二、三、四句顺承而下，五句急转而后合，简约凝练至极，如此也使得文本更加抑扬顿挫，生气勃勃，充满张力。值得注意的是，整个文本语言形式与文本意象、情感跌宕是相契相应、完美对接的，这可能也是这个文本语言上的最大秘妙。因此语言是本文的一大特色。

2.《伯牙绝弦》教学内容综述

《伯牙绝弦》在实际教学中一般安排为 2 个课时，我们在知网上收集了相关的 15 个课例，按照教学内容的相似性，对这些课例的教学内容进行归纳和总结，先分析每一类课例的教学内容落点，然后对落点进行详细描述。教学内容总共分为 3 类。这 3 类教学内容的落点如下表 4-9：

表 4-9 《伯牙绝弦》教学内容的分类

		第一类：普通老师 （13 个课例）	第二类：罗才军老师 （1 个课例）	第三类：钱峰老师 （1 个课例）
教学内容落点	落点（1）	导入：解题，理解"伯牙绝弦"的含义	通过借助工具书，理解字词以及课文内容。并且重点理解重点词"谓""乃""兮"等	导入：听音乐并揭示课题《伯牙绝弦》
	落点（2）	有感情地朗读，读出文言文的韵味	把握文言文的节奏和韵味	朗读课文，读出古文的节奏和神韵
	落点（3）	借助注释理解课文，并且能复述课文	理解"知音"含义，了解其志、其心、其念	朗读中解决个别字词，理解课文大意

续表

	第一类：普通老师（13 个课例）	第二类：罗才军老师（1 个课例）	第三类：钱峰老师（1 个课例）
落点(4)	感受俞伯牙和钟子期之间真挚的友谊	理解"知音文化"	想象伯牙和子期当时相遇时的心情，理解山不是山，水不是水，更是背后心声、琴声
落点(5)			通过琴音，理解伯牙绝弦之后的心情

　　第一类（13 个课例）：教学内容落点（1）直接导入，并让学生理解"绝"的意思，在理解题目意思的基础上质疑。教学内容落点（2）教师组织学生进行朗读，注重古文的节奏、停顿，而且在朗读的过程中注重"兮""乎""哉"等词的读法。教学内容落点（3）主要是学生借助注释和课外资料，通过自主交流和教师的点拨，能够把古文用白话文进行"翻译"，但一般不要求逐字翻译，只要了解大概意思即可。在翻译的过程中，教师要把一词多义的词语也一并解决，包括"善""志""念"这些词语的教学。教学内容落点（4）一般以俞伯牙和钟子期交往的过程为线索，通过想象画面，理解两人的相知。通过让学生感受伯牙的心情，进而理解伯牙绝弦的原因，从中体会俞伯牙和钟子期真挚的友情。

　　第二类课例是罗才军老师执教的《伯牙绝弦》，教学内容落点（1）简洁明了，告诉学生今天学习春秋时期的一篇古文，直接导入。教学内容落点（2）贯穿于整篇课文的学习过程中，利用课文的"兮""哉"以及对课文内容的理解，教会学生朗读。教学内容落点（3）在理解"知音"含义的时候，教师通过让学生理解知志、知念又知心的人，才可以叫作知音，然而这个人却去世了，进一步理解伯牙绝弦之举以及背后的含义，从而诠释和理解知音。教学内容落点（4）利用教材资料袋这一课程资源，理解"知音文化"，让学生真正明白"高山流水"在后来已经成为知音的象征，而俞伯牙和钟子期则是知音的代表。

第三类课例是钱峰老师执教的《伯牙绝弦》，教学内容主要是以朗读贯穿全文。教师通过 6 次朗读，指导学生朗读文言文的方法。通过朗读，理解课文的大意，并且体会伯牙和子期之间的真挚感情。

3.《伯牙绝弦》教学内容评议

就古诗文而言，将其分为识字与写字、诗文大意、意境、诵读、语言、文学知识和情感 7 个部分，并对最重要的核心教学内容进行加粗表示。如表4-10：

表 4-10 《伯牙绝弦》核心教学内容的分类

		第一类：普通老师（13 个课例）	第二类：罗才军老师（1 个课例）	第三类：钱峰老师（1 个课例）
核心教学内容	识字与写字			
	诗文大意	√（重点）	√	√
	意境			
	诵读	√	√	√（重点）
	语言			
	文学知识	√	√	√
	情感	√	√（重点）	√

通过上述课例综述，可以发现第一类课例与第二类和第三类课例相比，核心教学内容似乎都相似，只是教师的侧重点不一样。第一类普通教师走一般文言文的路线，把翻译当成"头等大事"，在进行释义之后，就按照一般白话文的文章进行理解。而罗才军老师重点讲解的是知音文化，钱峰老师则把重点放在了诵读上面，这种"入情入境"的诵读，读出了古文的风骨、古文的意味和古文的精气神。我们来看普通老师，在完成翻译工作以后，就开始进行文章的讲解，以他们的交往为线索理解文章，最后表达文章的中心意思：两人真挚的友情。这始终没有让学生在"文言"的特色里面，又怎能让学生理解文言文的表达是蕴含着情感的？学生没有这种感受，也就不可能有深刻的理解。另外还有一点发现：如果拿文言文跟古诗词相比，古文的核心

教学内容与古诗词居然出奇地一致，这几乎是不能想象的。古诗词有古诗词的特点，文言文有文言文的特点，这怎么能够一致呢？

朱文君老师在小古文的教学和探索上一直都把文言文教得有"文言味"，教得有情趣。既让文言文跟古诗词有明显的区别，又跟白话文有了区别。她曾经还有过这样的尝试：白话版《伊索寓言》中的《狐狸和葡萄》和《蝉和狐狸》都是学生熟悉的，但是朱老师却给学生上文言版的《狐狸和葡萄》和《鸦狐》，学生在这种"之乎者也"中寻找文言的韵味和乐趣。因此，小学文言文的教学内容需要根据文言文的特征进行选择和确定。

第三节　依据学段特点选择教学内容

一、小学古诗文教学内容的学段特点

（一）课程标准分学段要求

课程标准是国家教育部门对有关各学科教学内容所作出的纲领性指导文件，在教学工作中发挥着"组织者"的作用。语文课程标准是语文教学的指南，它是一线老师对语文学科的课程性质、课程目标、语文学科的基本理念、语文学科的设计思路等认识的基础，指导着一线教师对于语文教学内容的把握和教学实践的展开。《语文课程标准》在关于古诗文教学方面根据不同学段提出如下要求：

表4-11　不同学段对古诗文教学的要求

	课标内容	教学内容指向
第一学段	诵读儿歌、儿童诗和浅近的古诗，展开想象，获得初步的情感体验，感受语言的优美。背诵优秀诗文50篇（段）	情感体验，语言美
第二学段	诵读优秀诗文，注意在诵读的过程中体验情感，展开想象，领悟诗文大意。背诵优秀诗文50篇（段）	通过诵读体味内容和情感

续表

	课标内容	教学内容指向
第三学段	阅读诗歌，答题把握诗意，想象诗歌描述的情境，体会作品的情感。诵读优秀诗文，注意通过语调、韵律、节奏等体味作品的内容和情感。背诵优秀诗文 60 篇（段）	通过诵读体味内容和情感

由表 4-11 发现，不同学段课标的要求是不一样的，且具有层次性。

在第一学段，小学生刚刚开始识字，对于白话文的学习还处于起步阶段。吴忠豪教授指出：古诗毕竟是古代诗人写的，其写作的社会背景与现代儿童的生活背景有相当大的距离，再加上古诗所用的是文言词汇和句法，现代人读起来有一定的困难。因此这个学段课程标准提出要求接触浅近的古诗。低年级的古诗内容通俗易懂，篇幅短小，读起来朗朗上口。如王维的《画》："远看山有色，近听水无声。春去花还在，人来鸟不惊。"语言非常浅近，易于成诵。在这个阶段，主要是让小学生了解古诗文，体会其中的语言美即可。教师在选择教学内容时，需要尽可能地让学生多读、多表达、多感受，让他们了解古诗、体会古诗，培养学生对于古诗的兴趣。

在第二学段，小学生有了低年级的学习经验，具备了一定的理解能力和想象能力。教学内容指向由单纯的体会语言到了体会情感和诗文大意。如王维的《九月九日忆山东兄弟》中的"遥知兄弟登高处，遍插茱萸少一人"，思乡的情感真挚而浓烈；又如朱熹的《春日》中的"等闲识得东风面，万紫千红总是春"，赞美春天的蓬勃生机，抒发了诗人对春天的热爱之情。在第二学段，学生需要对古诗文中的内容和情感有自己的把握和理解，那么教师选择的教学内容也需要帮助学生达到这个目标。

到了第三学段，学生已有了较深厚的古诗文学习基础，教材中不单单只有古诗，古词和古文这两种文体也开始出现。有了前面学习古诗文的经验，学生对于古诗文的学习更加得心应手，学生的自主性需要更大程度地体现出来。在这个学段，教师需要引导学生学会运用声调、节奏等去更好地理解古诗文的内容和情感，学会用一定的方法学习古诗文。教师首先要教会学生自学古诗文，需要教学生基本韵律、诵读、节奏等方面的知识，以及古诗文的文体特点等。有了这些的基础，学生才能更好地发挥主动性，自主地学习古诗文。

（二）小学生心理发展的学段特点

1. 小学生各学段认知发展特点

小学生的认知发展是学习的基础，另一方面，学习又促进小学生认知的发展。小学阶段是认知发展的重要阶段，下面就感知、注意、记忆和思维这几个方面来探讨各学段小学生认知发展的特点（见表 4-12）。

表 4-12　不同学段小学生认知发展的特点

	感知	注意	记忆	思维
低学段	知觉的无目的性	注意的稳定性不强，注意时间短	机械记忆占主导，无意记忆占主导，形象记忆占主导	具体形象思维占主导
中高学段	知觉向有意性发展	从无意注意向有意注意发展，有意注意占主导	意义记忆、抽象记忆逐渐发展	向抽象逻辑思维过渡

（1）感知发展特点：低学段的小学生常常离开知觉的目的，把注意集中到次要的、与知觉目的不相干的方面，并且知觉过程很大程度上受其兴趣或情绪的影响。古诗文的语言表达以及背景，对低学段的小学生而言，相对比较陌生。在此学段，教师需要在教学内容的选择上调动学生的感知觉，调动小学生学习古诗文的兴趣。到了中高学段，小学生在知觉学习材料时比低年级儿童更能排除无关刺激，知觉分析和综合水平不断发展。

（2）注意发展特点：低学段的小学生注意力往往不稳定，并且注意持续的时间很短。古诗文篇幅短小，生动形象的语言、较强的节奏感符合孩子注意时间短的特点。但是对于内容的讲解，教师要多运用视频、声音、图片等吸引学生的注意力，教学内容要尽可能贴近学生的生活实际。而随着年纪的增长以及感知觉的发展，中高学段小学生的注意力开始从无意注意向有意注意发展，并且此时有意注意占据主导。

（3）记忆发展的特点：小学阶段是儿童记忆发展的重要时期。对于低段小学生来说，机械记忆占主导，并且主要靠形象记忆，所以平时在背诵古诗文的时候往往就是死记硬背。但是随着小学生认知水平的提高，意义记忆和抽象记忆便开始逐渐发展起来了。背诵和积累是学习古诗文的一个重要目的，也是教师的其中一个教学内容。为帮助小学生积累古诗文知识，教师除了在教授古诗文的时候把古诗文的教学内容讲深、讲透，更重要的是教师需要注重学生的体验。只有学生自己体验过了，那么背诵和积累也就不在话下了。

二、名课研习：突出不同学段特点

在分析了语文课程标准对不同学段的要求以及小学生的不同学段的认知发展特点和言语发展特点之后，可以发现名师在教学古诗文时，选择的教学内容也能符合上述学理要求。下面以古诗文中的"古诗"这种文体为例，选取了一个低段的古诗课例——于永正老师执教的《草》，和一个代表中高段的古诗课例——戴建荣老师执教的《送元二使安西》。

（一）符合儿童心理的教学内容——于永正老师执教的《草》

1. 古诗《草》

《草》，又名《赋得古原草送别》，唐代白居易写的，是人教版小学《语文》二年级上册的一首古诗，教材中的古诗只提取了原诗的前四句。这首诗以春草起兴，想象独特，巧妙地把眼前春色与离别之情融为一体。但是由于教材中只选取了前四句，离别的场景并没有涉及到，因此对小学生而言，对这首古诗的理解仅仅只是突出了"春草"生命力旺盛的特点。

草

白居易

离离原上草，

一岁一枯荣。

野火烧不尽，

春风吹又生。

2. 于永正老师执教的《草》的教学内容

于永正老师执教的古诗《草》，深深地抓住了儿童的心理，突出了小学低学段教学内容确定的特点。于老师执教的《草》核心教学内容是理解全诗并且学会背诵。教学内容的落点有5个：

（1）导入：背诵古诗导入。

（2）读古诗，解决生字读音。

（3）理解诗文大意，主要理解"原""离离""岁""枯""荣""尽"等关键词，进而对全诗进行解读。

（4）了解古诗的主旨。

（5）加强背诵和记忆。

（二）学会诵读——戴建荣老师执教的《送元二使安西》

1. 古诗《送元二使安西》

《送元二使安西》是唐代诗人王维的诗。这首古诗被选入了人教版小学《语文》四年级上册和北师大版小学《语文》六年级下册，在一定程度上可以代表中高学段的古诗。

送元二使安西

王维

渭城朝雨浥轻尘，

客舍青青柳色新。

劝君更尽一杯酒，

西出阳关无故人。

2. 戴建荣老师执教的《送元二使安西》教学内容

戴建荣老师执教的《送元二使安西》，其教学内容很好地抓住了小学高学段的特点。戴建荣老师执教的《送元二使安西》核心教学内容有两点：一是让学生学会吟诗，二是引导学生在吟诗的过程中理解诗歌的情感。教学内容落点有5个：

（1）导入：告诉学生要学会用吟诗的方式来学习古诗文。

（2）学会用理解注释的方式了解背景资料，并且解题。

（3）用平仄的方式读诗。

（4）学会唱诗、吟诗和舞诗。

（5）出示王维的《杂诗》，进一步体会古诗的情感。

教学内容落点（1）主要是教师通过提问学生是否会吟诗，告诉学生吟诗是一种很好的学习古诗文的方法。教学内容落点（2）教师让学生学会用理解注释的方式了解王维的相关背景资料，解决诗题中的疑难点："元二""使""安西"。教学内容落点（3）是学会读诗，教师通过教授学生平仄的规律，教学生读诗。在读诗的过程中，引导学生体会诗人当时的心理感受和所包含的思想情感。教学内容落点（4）教师先通过《阳关三叠》的曲调，教学生学会唱诗，然后告诉学生按照"平长仄短"的规律来唱，和着《阳关三叠》的曲调来唱，把这两种混合在一起就是吟诗。教学生一些基本的手语，就是舞诗了。教学内容落点（5）教师补充王维的另一首古诗《杂诗》，体会诗人的思念之情。

3.分析与评议

对于中高学段的小学生来说，他们对于古诗已经有了一个大概的了解，教师在诗意和背景知识方面的"主导"作用可以减弱，更多地是要让学生学会学习。而戴建荣老师的这堂课，体现了这一点。戴老师在一开始对于王维的背景知识的介绍以及字词的理解时，就鼓励学生学会用注释来学习，并且要求学生读书要读完整，对于注释的内容也要表达完整。通过戴老师的这节课可以发现，其对于诗文大意的讲解十分少，没有用过多的时间来进行讲解，似乎只是让学生大概了解意思即可。学生能够自己通过注释来理解古诗的大意。

第五章 小学语文古诗词教学现存问题及策略研究

第一节 对小学古诗词教学的理性思考

一、核心概念界定

（一）古诗词

"古诗词"是中文独有的一种具有特殊格式及韵律的文体，它是中国古代诗与词的合称。"诗"按音律的不同，可分为古体诗和近体诗两类。其中古体诗包括古诗（唐以前的诗歌）、楚辞、乐府诗。"歌""歌行""引""曲"等古诗体裁的诗歌也属于古体诗。古体诗不讲究对仗、押韵，比较自由。近体诗与古体诗相对，又称今体诗，是唐代形成的一种格律体诗，其在字数、拘束、平仄、用韵等方面都有着严格的规定。近体诗分两种，一种称"绝句"（每首四句，五言的简称五绝，七言的简称七绝），一种称"律诗"（每首八句，五言的简称五律，七言的简称七律，超过八句的称为排律或长律）。另外，"诗"按内容的不同又可以分为叙事诗、抒情诗、送别诗、边塞诗、山水田园诗、怀古诗、咏物诗、悼亡诗、讽喻诗。

（二）古诗词教学

本文所谈到的"古诗词教学"指的是古诗词的阅读教学，首先要明确何为"阅读"。《中国大百科全书》（教育卷）对"阅读"做了如下界说："阅读是一种从印的或写的语言符号中取得意义的心理过程。阅读也是一种基本的智力技能，这种技能是取得学业成功的先决条件，它是由一系列的过程和行为构成的总和。"用顾黄初先生的一句话来说那就是："阅读是人们通过视觉对文字符号的认辨、理解和吸收，是一种复杂的心智活动过程。"再来看看"教学"，目前国内关于"教学"的定义主要有两类：一类是在接受苏联教育学家对"教学"所下定义（即教学是教师教和学生学的统一活动）的基础上展开的更具体细致的描述。王策三先生在《教学论稿》中指出："所谓教学乃是教师教、学生学的统一活动；在这个活动中，学生掌握一定的知识技能的同时，身心获得一定的发展，形成一定的思想品德。"李秉德先生将"教学"定义为："教的人指导学的人进行学习的活动，进一步说，指的是教和学相结合或相统一的活动。"《教育大辞典》给"教学"下的定义是："以课程内容为中介的师生双方教和学的共同活动。"上述这些描述性定义几乎都是从"教学作为一个实践活动过程的构成"这一角度形成的。另一类则是在理性思维层面上，认为教学理论是关于教的理论，应关注课堂教学中教的行为，认为："教学是教师引起、维持、促进学生学习的所有行为方式。"两类理论都有各自的阐述角度，表述的重心也自然不同。而本文研究的重心是教育者的教学实践行为，因此采纳第二类定义。

综上所述，我们可以对古诗词教学做这样的描述：古诗词教学是指为提高学生的古诗词阅读水平，发展学生的古诗词阅读能力，教师以阅读教材为中介引起、维持与促进学生古诗词阅读学习的所有行为。

二、古诗词教学的理论基础

（一）中国传统诗教理论

诗教在我国源远流长，它是我国传统人文教育的核心之一。首先我们需要明确"诗教"这一定义，它有两种解释：一指文化活动，即以诗为教；二指文化原则，即诗教理论，作为文学创作和文学批评的原则。自 2500 年前，我国便在孔子的倡导下开始了带有民族特色的"诗教"，其教材主要有《诗》《书》《礼》《易》《乐》《春秋》，儿童从很小的时候便开始诵读诗书，诗文对他们的影响十分深远。关于"诗教"的目的，孔颖达曰："温谓颜色温润，柔谓性情和柔。诗依违讽谏，不指切事情，故云温柔敦厚，是诗教也。"

"温柔敦厚"是传统诗教理论的主旨精神，就是说"诗教"主张培养学生的"君子儒"品格，重视做人的道德修养，强调社会道德和家庭伦理教育。可见德育在诗教教育中所处的突出位置。其次，诗教教育还重视审美教育，诗乐交融。孔子在美育教育中从"兴于诗"入手，强调让学生在读诗的过程中提高艺术鉴赏力。可见孔子的审美教育是与德育联系在一起的。

（二）情境教学理论

"情境"在《现代汉语词典》中被解释为：情景；境地。详细解释为：情景；环境。这里所说的情景、环境、境地，都是具体的。从心理学角度看，情境是对人有直接刺激作用、有一定的生物学意义和社会学意义的具体环境。情境在激发人的某种情感方面有着特定的作用。情境教学即在教学过程中，教师有目的地引入、创设某种具有情绪色彩、以形象为主体的生动而具体的场景，以引起学生特定的态度情感体验，从而帮助学生理解教材，并使学生的心理机能得到相应发展的教学方法。情境教学法的核心在于激发学生的情感，同时，情境教学法也指具有一定情感氛围的教学活动。孔子曰："不愤不启，不悱不发，举一隅不以三隅反，则不复也。"孔子的这段话，在肯定启发作用的情况下，尤其强调了启发前学生进入学习情境的重要性。所以，良好的教学情境可以充分调动起学生学习的主动性、积极性，启发学生的思维、开发学生的智力，是提高教学实效的重要途径。

第二节　小学语文古诗词教学现存问题及原因分析

一、小学语文古诗词教学现存问题

（一）教学过程中诵读引导不充分

语文教育家于漪老师说过，教学生学习古诗词，需要"把握诗歌的音乐美，让学生自主诵读，发挥主动性、积极性，积累语言，增添文化积淀。"可见，在古诗词教学中，我们教师应当充分重视诵读的作用，要让学生有机会充分诵读，让他们在读的过程中理解诗词的含义，在读的过程中受到情感的熏陶。但是，并不是所有教师都能够充分认识到诵读在古诗词教学中的重要作用，他们往往在教学环节的设计中不够重视，甚至忽略这一重要的教学方法。

（二）侧重知识学习，情境体悟不足

现在，很多教师认为学习古诗词可以像学习其他现代文等一样，给学生介绍作者的生平，诗人的时代背景，诗词中使用的表达方法，诗词所表达的主题思想，等等。在与一些教师的谈话中甚至发现，有一部分教师他们在古诗词教学上竟然都有着一套相似的教学流程：揭诗题——介绍作者——读懂诗词大意——分析词、句——总结诗人的思想感情。

在一节课中，教师几乎将大半节课的时间都用于字词的理解和内容大意的讲评上，整个过程，学生几乎没有一点点诗情画意的感觉。这种填鸭式的教学，目前不少教师还在继续使用着。他们不擅于创设教学情境，不会组织学生进行相应的综合性学习，使得古诗词的教学变相地成为了一节知识传授课，毫无美感而言。他们不仅忽视了古诗词本身具有的艺术魅力和丰富内涵，更是剥夺了学生将诗词作为审美对象的感知。王国维先生说："词以境界为最上。有境界则自成高格，自有名句。"小学语文课本中所选诗词无一不是诗词中的精华，所以，教师在教学古诗词的过程中，对学生体悟诗词意境的引导是否充分这一点就显得格外重要。其次，诗词是诗人内心世界的写照，是情感的迸发。学生读诗，不应该只是机械式地重复教师所谓的"思想感情"，而是要在充分体会诗词意境，了解必要的拓展知识，如诗人的生平、创作背景等的基础之上，在反复诵读中走进诗人的内心世界，在情感的碰撞中与诗人产生共鸣，这样的学习才能够使我们的学生在古诗词的学习中不断地提升自身的审美能力，陶冶他们的心灵。

二、小学古诗词教学现存问题的原因分析

（一）教师的古诗词功底欠缺

目前，我们大多数语文教师的古诗词素养明显不高，很多教师对于古诗词相关的知识内容所知甚少，多数教师只对自己平常在工作中反复教授的古诗词比较熟悉，对自己学生时代曾经接触到的一些古诗词知识、古诗词篇目有一些记忆。甚至有一小部分教师，他们掌握的古诗词篇目和他们的学生相比之下并不占多少优势。经过调查发现，当前学校师资队伍中的主力军多半是 40 多岁的教师，这部分教师由于时代背景及教育背景等多方面的原因，大多数人在进校初始的正规学历都是大专，甚至有的为中专。在他们的那个年代，上学时间较短，而毕业之后的工作还是国家分配的，很多人可以说是带着比较薄弱的专业功底走上了"铁饭碗"的岗位。因此，我们可想而知，这一部分教师在古诗词素养方面很可能本身就是"先天不足"的。况且，古诗词的功底也并非是一两天就可以突击出来的，它需要平时点点滴滴的积累，需要花费大量的时间及精力去品、去悟。我们还了解到现在的教师自踏上工作岗位后，就要面临各类繁琐的任务及各种工作压力。多数教师表示现在的学校太过形式主义，领导班子们今天安排一个活动，明天安排一个检查，除此之外，教师们还要面临最头疼的"期末排名"等。这一切压力几乎占据了教师们所有的精力，将教师们搞得身心俱疲。教师不是苦行僧，他们也有自己的生活，也难以抵挡住各类各样的诱惑，特别是刚刚参加工作的教师们，还要面临结婚、生子之类的现实压力，他们哪里还有多余的时间和精力去"充电"，更别说静下心来研读古诗词，品味它的精髓了。这样一来，他们的古

诗词基础就是可想而知的了。"先天不足"再加上后天不够努力，只局限于大学时候那点知识来应付教学是绝对不够的，古诗词功底的缺乏必定会影响到课堂的教学水平。

（二）教师对古诗词教学重视程度不够

我们认为之所以会出现这种现状，很大一部分原因与当下严重的"应试教育"之风有关。由于古诗词部分在期末考试中所占比分不是很高，所以，在"以成绩说话"的大环境之下，为了提高班级平均分，大部分教师们关注现代文部分比较多，而古诗词部分很多时候只是为了应付考试，强调背诵及理解比较多。另外，也有小部分教师自己对古诗词的喜爱程度不是很高，这应该也是一部分教师不够重视古诗词教学的原因之一。在这个几乎"以快餐文化"为主流的时代，很多教师都很难做到潜心钻研，甚至有的教师表示自己从踏上岗位起从来没有发表过关于教学研究的文章，也没有养成写教学日记的习惯。更有甚者，他们的教案、PPT等都是从网上下载的，就连期末总结等都是为了应付学校而抄的。有的教师在古诗词课上几乎是照本宣科，备课马虎了事，更别说在教学中能够做到创新求异了。如此一来，像这样丧失了诗意和灵性的古诗词教学对学生心灵及语文素养的积极影响可谓少之又少了。

第六章　比较阅读在小学古诗词阅读中的应用研究

第一节　比较阅读的内涵与意义

一、比较阅读的内涵

阅读是小学语文教学的重要领域，是学生、教师、文本间对话的过程。新课标明确指出阅读是学生个性化的活动，学生要有独立阅读的能力，要尝试运用多种阅读方法，获得自己的阅读体验。但在当前的阅读教学中，教师的主导作用被放大，教学中以自己的讲授为主，忽视了学生学习的主体性，代替了学生的阅读实践。新课标也指出，阅读教学应提倡多角度、有创意的阅读，逐步培养学生探究性阅读的能力，通过阅读批判等，拓展其思维的空间，提高阅读质量。为解决这种情况，有人尝试将比较法应用到阅读教学中，由此产生了"比较阅读"。

二、比较阅读的应用意义

阅读是运用语言文字认识世界、发展思维、获得审美体验的重要途径，是小学语文教学的核心环节，也是培养学生语文综合能力的有效途径。随着新课改的实施，教师针对阅读提出了很多教学方法，如探究式阅读教学法、情景式阅读教学法、读写结合阅读法等，不同的教学方法有着不同的侧重点，而比较阅读在语文教学中的应用则具有以下重要意义：

（一）有利于提高学生的阅读能力

《义务教育课程标准》指出："要综合考察学生阅读过程中的感受、体验和理解，要关注其阅读兴趣与价值取向，重视对学生多角度、有创意阅读的评价。"阅读能力的提高要以阅读兴趣为前提，但调查发现，由于课文的教材内容、篇目相对固定，学生阅读过一遍之后，再次阅读的兴趣降低，阅读教学效率自然不高。此外，语文教材中课文的编排有的是按文体，如小说单元、散文单元等；有的是以同主题进行安排，其中又包含多种文体。因此在教学中，大多数教师是以教材编排顺序一篇一篇地依序教学，这种固定的教学方式久而久之也降低了学生对文本阅读的兴趣。而比较阅读的应用，教师可以适时地打破传统的依序教学，以教学目标为依据按照文体形式、文章结构等特点选择相应的文本进行求同或求异的教学。在课堂教学中，教师对教学方法与形式的变换可以调动学生学习的积极性，帮助学生发现阅读的乐趣，而兴趣的提高则能够激发学生主动地进行阅读，从而能逐渐改变灌输式的阅读教学。

（二）有利于提升教师的业务水平

"师者，所以传道授业解惑也。"这句话直接点明了教师的任务是传授道理，授予知识，解决疑难困惑。而教师业务水平的高低直接影响着学生的学习，也牵动着教师自身的专业发展。在教学中，教师的业务水平主要包括学科基本知识和教学基本能力。以古诗词教学为例，教师要有针对性和启发性地进行点拨，因此要准备关于古诗词的相关知识，了解学生已有的古诗词学习经验；要了解所处单元的教学要求并对诗词文本进行详尽而丰富的解读。但在调查中发现教师在古诗词教学方面的业务水平较低，例如在古诗词备课时，除了课本、教参之外，不参考有关古诗词的其他书籍，这也就造成了教师在诗词教学时课堂语言的干瘪等。如果教师以比较阅读的方式教学古诗词，就会督促教师准备好诗词教学的比较资料，平时加强诗词的修养。

第二节　比较阅读在古诗词教学中的实施依据

王荣生在《阅读教学设计的要诀》中提到："阅读方法是战术层面上的'如何阅读'。方法与目的相对，目的不同，方法就要变换。但方法也受制于对象，在诸多的制约中，文本的体式最重要。"不同的文本有着各自不同的阅读方法，诗歌作为一种以凝练的语言进行抒发情感的文学，在选择阅读教学的方法时要考虑其文体特点、教学要求等。因为本文对比较阅读的研究是以小学语文的古诗词为基础的，所以本章对人教版小学语文教材中的古诗词进行了梳理与分析。

一、古诗词教学的要求

关于古诗词教学，新课标提出师生要充分发挥诗词学习的主动性和创造性，如教师要认真钻研教材，对诗词文本进行深入、多角度的解读，但要避免对诗句进行过度或远离文本内容的分析；学生要有独立阅读的能力，能运用多种阅读方法，学会初步鉴赏文学作品。教师要灵活运用多种古诗词教学策略，为学生营造自主学习古诗词的环境，引导学生发现古诗词学习的乐趣，指导学生结合自身的实际情况熟练地掌握诗词学习的方法。而教师对学生的评价要以鼓励为主，重点考查学生对诗词形象的感受和对诗词情感的体验，重点考查学生的记诵和积累，或者能否借助注释和工具书等理解诗词。

从学段目标方面看，人教版小学《语文》古诗词首先是以由浅入深逐步提高要求进行编排的。如第一学段学习重点是以"读、背"为主，而且学段目标设置为诵读浅近的古诗，如识字歌中的《画》，课文中的《静夜思》等；其次，低学段的古诗词学习要在诗词内容的基础上，以想象为出发点理解古诗的大体含义，获得对古诗的初步理解，并以多形式的诵读获得初步的情感体验；随着小学生年龄、知识和学习能力的不断提高，编者对第二、三学段的诗词学习提出了较高的要求，如不仅要诵读优秀的诗文，而且还要学会借助注释或其他资料领悟诗词的含义，通过对诗词意境的想象去感悟诗词背后的情感；对学生的诵读指导还提出了明确的要求，如要注意诗词的韵律、节奏等（见表 6-1）。

表 6-1　《义务教育语文课程标准》的古诗词学段目标

学段	低学段	中学段	高学段
学段目标	诵读儿歌、儿童诗和浅近的古诗，展开想象，获得初步的情感体验，感受语言的优美 背诵优秀诗文 50 篇	诵读优秀诗文，注意在诵读过程中体验情感，展开想象，领悟诗文大意 背诵优秀诗文 50 篇	阅读诗歌，大体把握诗意，想象诗歌描述的情境，体会作品的情感。受到优秀作品的感染和激励，向往和追求美好的理想。通读优秀诗文，注意通过语调、韵律、节奏等体味作品的内容和情感 背诵优秀诗文 60 篇

二、古诗词选文及分析

（一）古诗词选文情况

目前，我国小学语文教材有 13 个版本，每个版本各有自己的特点。从诗词数量来看，苏教版语文教材中共有 61 首古诗；鄂教版语文教材大约有 90 余首古诗词，占课文的 1/4；而新修订的北京版语文教材，与其旧版相比将大幅增加到 100 篇，约占全部课文比例的 15％以上。本文则以 2013 版的人教版小学语文教材为对象，对教材所选的古诗词以表格的形式进行了梳理（如表 6-2）。

表6-2　人教版小学语文古诗词选编一览表

序号	年级	题目	作者	朝代	题材	体裁
1	一年级上	静夜思	李白	唐	思乡诗	五言绝句
2	一年级下	春晓	孟浩然	唐	写景诗	五言绝句
3	一年级下	村居	高鼎	清	写景诗	七言绝句
4	一年级下	所见	袁枚	清	田园诗	五言绝句
5	一年级下	小池	杨万里	南宋	写景诗	七言绝句
6	二年级上	赠刘景文	苏轼	北宋	勉励诗	七言绝句
7	二年级上	山行	杜牧	唐	写景诗	七言绝句
8	二年级上	回乡偶书	贺知章	唐	感怀诗	七言绝句
9	二年级上	赠汪伦	李白	唐	送别诗	七言绝句
10	二年级下	草	白居易	唐	送别诗,咏物诗	律诗
11	二年级下	宿新市徐公店	杨万里	南宋	田园诗	七言绝句
12	二年级下	望庐山瀑布	李白	唐	写景诗,咏物诗	七言绝句
13	二年级下	绝句·两个黄鹂鸣翠柳	杜甫	唐	写景诗,咏物诗	七言绝句
14	三年级上	夜书所见	叶绍翁	宋	思乡诗	七言绝句
15	三年级上	九月九日忆山东兄弟	王维	唐	思乡诗	七言绝句
16	三年级上	饮湖上初晴后雨	苏轼	北宋	写景诗	七言绝句
17	三年级上	望天门山	李白	唐	写景诗	七言绝句
18	三年级下	咏柳	贺知章	唐	咏物诗	七言绝句
19	三年级下	春日	朱熹	南宋	哲理诗	七言绝句
20	三年级下	乞丐	林杰	唐	节令诗	七言绝句
21	三年级下	嫦娥	李商隐	唐	讽刺诗	七言绝句
22	四年级上	题西林壁	苏轼	北宋	写景诗,哲理诗	七言绝句
23	四年级上	游山西村	陆游	宋	游记抒情诗	七言绝句

续表

序号	年级	题目	作者	朝代	题材	体裁
24	四年级上	黄鹤楼送孟浩然之广陵	李白	唐	送别诗	七言绝句
25	四年级上	送元二使安西	王维	唐	送别诗	七言绝句
26	四年级下	独坐敬亭山	李白	唐	写景诗,咏怀诗	五言绝句
27	四年级下	望洞庭	刘禹锡	唐	写景诗	七言绝句
28	四年级下	乡村四月	翁卷	南宋	田园诗	七言绝句
29	四年级下	四时田园杂兴·其二	范成大	南宋	田园诗	七言绝句
30	四年级下	渔歌子·西塞山前白鹭飞	张志和	唐	写景诗	词
31	五年级上	泊船瓜洲	王安石	北宋	思乡诗	七言绝句
32	五年级上	秋思	张籍	唐	思乡诗	七言绝句
33	五年级上	长相思·山一程	纳兰性德	清	思乡诗,边塞诗	词
34	五年级下	牧童	吕岩	唐	田园诗	七言绝句
35	五年级下	舟过安仁	杨万里	南宋	田园诗	七言绝句
36	五年级下	清平乐·村居	辛弃疾	南宋	田园诗	词
37		七步诗	曹植	魏国	讽刺诗	古诗
38		鸟鸣涧	王维	唐	写景诗	五言绝句
39		芙蓉楼送辛渐	王昌龄	唐	送别诗	七言绝句
40		江畔独步寻花·其六	杜甫	唐	写景诗	七言绝句
41		石灰吟	于谦	明	咏物诗	七言绝句
42	六年级上(背诵)	竹石	郑燮	清	咏物诗	七言绝句
43		闻官军收河南河北	杜甫	唐	抒情诗	七言律诗
44		己亥杂诗	龚自珍	清	政治诗	七言绝句
45		浣溪沙·游蕲水清泉寺	苏轼	北宋	写景诗	词
46		卜算子·送鲍浩然之浙东	王观	宋	送别诗	词

首先，通过表格可以清楚地看到人教版小学《语文》（2013 版）古诗词共有 46 首，约占全部课文的 13％，涉及到 31 个诗人和 7 个朝代，其中尤以唐、宋诗词的数量最多。其次，借助表格我们也可以了解到古诗词在各学段的分布，其中第一学段有 13 首，第二学段有 17 首，第三学段有 16 首，每册大约安排 3～5 首古诗词。最后，表中所列出的古诗词体裁以七言绝句为主，五言绝句主要编排在低学段，词则编排在高学段；而人教版小学《语文》古诗词中所涉及的题材主要以写景（山水田园）诗、咏怀诗、咏物诗、边塞诗（词）4 类古诗词为主。

（二）古诗词选文分析

综表 6-1、表 6-2 所述，可以看出人教版小学《语文》古诗词选文具有以下特点：

1.古诗词编排具有广泛性

从表 6-2 中可以清楚地看到教材所选编的古诗词主要涉及 7 个朝代的 31 位诗人，其中唐、宋诗人最多，如李白、苏轼等，此外还增加了明、清等朝代，如代表诗人袁枚、高鼎等。再者所选诗词的体裁有五言绝句、七言绝句、律诗、古诗、词，不同的诗歌反映了不同的历史文化，所以各类诗词在教材中的呈现可以让学生接触到不同时代、不同诗人的诗词，利于丰富学生诗词的积累量；不管是对于诵读还是诗的鉴赏，不同的古诗词还可以锻炼学生的语文能力，学生借此还可以开阔文学的眼界，从而能逐渐体会到我国古典文学的繁荣和多样。

2.古诗词内容具有丰富性

题材反映了古诗词的内容，人教版小学《语文》中所选取的诗词中主要有写景诗如《山行》《望庐山瀑布》等；山水田园诗如《村居》《清平乐·村居》《游山西村》等；思乡诗如《静夜思》《长相思》等；送别诗如《黄鹤楼送孟浩然之广陵》《赠汪伦》等；还有边塞诗、节令诗、哲理诗、讽刺诗等。题材的不同也会影响到诗词的意象，而同一种意象在不同的题材中又会有不同的含义，如诗人白居易的《草》："离离原上草，一岁一枯荣。野火烧不尽，春风吹又生"，诗中的"草"象征着顽强的生命力和乐观主义精神，作者以草为抒发情感的对象，所以这是一首典型的咏物诗。而孟郊的《游子吟》"谁言寸草心，报得三春晖"中的"草"却寓意着子女难以回报母亲的爱护，表达了对母亲的感激之情，因此这是一首抒情诗。不论是诗词的题材，还是诗词中的意象，都表现出所选诗词在内容上的丰富性。

3.古诗词要求具有阶段性

表格中的学段要求是以由浅入深、循序渐进的顺序呈现的，这是由学生在不同阶段的成长规律和学习能力所决定的。编者给低学段的学生安排了以五言绝句为主的古诗，五言绝句只有4句，每句只有5个字，内容也较容易理解，对于刚入学的一年级学生来说，其识字量较少，在诵读方面也缺乏一定的基础，所以五言绝句的安排不仅可以锻炼学生的诵读，其简单的诗词内容也有助于培养学生对诗词的学习兴趣。高学段的诗词中不仅安排了七言绝句，还增加了一种新体裁——词，从形式看其有长短句之分，每句字数不等，与绝句有着显著的区别。此外，词中又增加了各样的"词牌名"，如"清平乐""渔歌子"等，不同的词牌又反映着不同的声情。所以这与低学段的绝句相比，不论是在内容上，还是诵读上，词的难度都相对较高。其次，在诗词数量上，选编诗词是以由少到多的形式进行安排的，而且在诗词背诵量上尤以高学段最多'。

综上分析，在诗词教学中比较阅读的开展并不是凭空而降、空穴来风的，其人教版小学《语文》中古诗词编排的广泛性、内容的丰富性为比较阅读在古诗词教学中的应用提供了多种"比较"的思路与角度，在阅读教学中，教师可以引导学生根据教材目标，对诗词的题材、体裁、风格等进行横向或纵向的分析，进行求同或求异的比较，既可以巩固旧知识，又可以扩充新知识，以帮助学生掌握新的阅读方法，从而提高阅读能力。而古诗词教学要求的阶段性则体现了在比较阅读的实施过程中，比较阅读也不是无要求的"比较"，教师要充分考虑教学目标，要以教材为本，不做远离文本的过度发挥；要密切联系学生的学习经验，对于要比较的诗词或文章应选择难度适宜、适合学生学习的文本；教师对学生阅读教学的指导也要循序渐进，既不能过分拔高学生诗词学习的要求，又不能限制学生能力的发展。

第七章　小学语文课堂有效教学的基本要素

第一节　情境与问题

一、依托文本资源，提高学生参与性

（一）开掘学生已有的知识和经验是提高学生参与度的必要前提

让学生有话可说、言之有物，必须关注他们的已有经验。人教版小学《语文》二年级上册中《小柳树和小枣树》教师就有意识地引导学生读题想象，说说自己知道的枣树和柳树。

生：春天柳树很漂亮，有长长的枝条，小枣树树枝光秃秃的。

生：秋天，小枣树就结枣了，而柳树却不结果。

生：春天柳树发芽，柳条就像小姑娘的辫子，柳叶就像头发上的发夹。

学生们根据自己的经验，回答的异彩纷呈，既吸引了孩子的注意力——关注课文，又给予了孩子练习说话的机会。

（二）鼓励学生动手操作是提高课堂学生参与度的重要方式

语文教材中的说明文教学相对枯燥一些。课文中涉及的科学知识或自然常识大部分学生课内外都没有接触过。精讲课文内容，容易让语文课堂"走样儿"，若不提及课文内容，学生又会在理解上有困难。人教版小学《语文》二年级下册《要是你在野外迷了路》中以诗歌的形式介绍了4种在野外辨别方向的方法。低年级语文当然是以识字为主要的教学目的，以激发学生自然界奥秘的兴趣为附加的教学目的。所以在识字读文之后，可在教学时根据4种在野外辨别方向的办法设计一张表格，让学生按照日常分好工的小组来合

作填写完成，这样既提高了学生的参与度，又能帮助学生理解生字词和课文。

二、利用媒体手段，提高学习积极性

（一）图画再现情境，帮助学生理解

图画是展示形象的重要手段，用图画再现文本情境，实际上就是把课文内容形象化。课文插图、特意绘制的挂图、剪贴画、简笔画等都可以用来再现课文情境，所以教师要善于利用课文的插图来教学。

像人教版小学《语文》一年级上册《爷爷和小树》课后习题让孩子理解"撑开绿色的小伞"和"穿上暖和的衣裳"，学生就可以通过插图来理解和表述了。

（二）音乐渲染情境，帮助进入情境

音乐的语言是微妙的，也是强烈的，给人以丰富的美感，往往使人心驰神往。它以特有的旋律、节奏，塑造出音乐形象，把听者带到特有的意境中。在很多古诗的阅读课中就可以利用音乐，让学生懂得古诗的韵律之美，进而从韵律美体会到意境美。在教人教版小学《语文》四年级上册中李白的作品《黄鹤楼送孟浩然之广陵》时，可以让学生配乐吟诵诗歌。但凡送别诗都是寄予了作者与友人之间的离愁别绪的，但是这首诗中李白送的友人是迁调到扬州那么一个垂柳如烟、繁花似海的繁荣兴盛之地，作者除了一些阔别故人的失落外更多的是替孟浩然感到高兴，所以诗歌中弥漫着淡淡的离愁和淡淡的喜悦。配上音乐吟诵，学生在理解程度上又加深了一层。

（三）引入竞争机制，激发学生好胜心

小学的孩子学习的动力不像大人一样功利，所以一般以有趣和好玩为学习的出发点。如果将竞争机制引入课堂，就可以让他们在同类别孩子的竞争中提高自己的能力，调动自己的积极性。在课堂中可以开展大组间比赛、男女生比赛等，同时应该注意及时反馈和评价。竞争手段经常用在字词的认读或者拼音的拼读上，当然也可以用在话题作文上。

第二节　阅读与思维

阅读是语文教学的重要内容之一。这是由阅读的本质特征决定的。阅读既是对文字信息进行感知和理解的复杂认识过程，又是对文字信息进行情感体验并产生共鸣的复杂情感活动，还是对文字信息内化吸收并将外部语言转化为内部语言、转化为思维工具和表达工具、形成语言能力的复杂语言活动。

以单元为纲可分为以下几种方法：

第一种，整体分析法。即围绕单元教学的重点，处理单元内部的各种教学内容。可以先提出单元要点或用知识短文引路，再逐篇导读或组织学生自读课文。这是"串讲指导"式。也可以先教学单篇课文，再做单元归纳，形成"先示范后指导"式。例如，人教版小学《语文》二年级上册第八单元所选编的课文就是科普知识类的。教材编写的目的是让孩子在识字的基础上勤思多问、爱科学、用科学。教师在教授这类课文的时候可以先指导孩子去发现问题。像《我是什么》一文中作者采用拟人的语气讲述了水在自然界的3种形态，介绍了"自己"的功用和对人类可能造成的伤害。教师可以引导孩子们猜一猜课文中的"我"指的究竟是什么？它是怎么变化的？并和孩子们一起将水在自然界变化的过程用图画的形式板书出来。孩子们就可以从童话故事一般的文章中了解一些科普知识，积累一些词语、句子。

第二种，比较阅读法。比较阅读的课文需要有可比性，同中求异、异中求同。教学单元是由某一基本方面相同或相近的若干篇课文组成的教学单位。这就为比较阅读创造了极为有利的条件，进而促使学生更好地理解教学内容，并在反复比较的过程中训练判断、思维、推理和创造性思维，提高发现问题、解决问题的能力。

第八章 当前小学语文课堂有效教学存在的问题及原因分析

第一节 影响小学语文课堂有效教学存在的问题

一、教师对新课标把握的偏差

（一）工具性和人文性二者的偏废

学校语文的实质就是帮助学生掌握语言这个人类交际和交流的工具。教学语文，就是帮助学生通过语言学习掌握进行思维和开发智力的工具。以上两点体现出语文的工具性特点。作为人文性的体现，语言承载的是思想。好的语文作品是作者思想的精萃。语文学科是富于思想性、教育性、社会性、情感性与审美性的，教材如此，教学也应当如此。在教科书选编的课文大多是古今中外名家名篇。讲解、分析、评价文章，特别是文学作品，必然富于感情色彩。但是在小学语文课堂中，绝大多数语文教师重工具性轻人文性，随意割裂文本，导致学生对文章整体感受模糊。一篇精彩洋溢的文字居然简化为几个生字词、几个修辞句、几段背诵段。忽视文章源流，教教材就局限在课文本身，学生对文章的作者、背景、题材等文学常识一无所知。究其缘由，就是考与不考，故为与不为。

（二）无法把握语文学科基本特点

语文是"百科之母"，是基础学科中的基础。语文学科具有综合性的特点。语文知识多样、语文能力多极、教材形式多样。语文学科不仅要进行智育，还要进行美育和德育。在教学过程中，培养品德、陶冶情操、熏陶美感，这就需要丰富地解读文本，有效地开拓学生视野，不然学生的阅读局限于书本，理解不够到位，作文捉襟见肘，学习效果不好，学习兴趣全无。

二、教师对文本解读的误区

（一）缺乏对文章整体内容形式的观照

语文课本质上是教者文学素养的体现，是学生、教师对文本的渗透、领悟、潜移默化，需要调动学生、教师的情感体验，或理性地解剖文章，或激情地与人物共鸣，教师要把自己对文本的理解与学生对文本的理解沟通起来，找准一个切入点，与学生产生共鸣，探讨、理解文章阐释的观点以及蕴含的思想内容，而不是找几个具有辐射性的问题广泛讨论，草草了事，问题设计要具有启发性、思辨性、逻辑性，要把自己的理解融入到文本教学中去。

（二）缺乏对作者意图价值取向的揣摩

在"课文价值取向"的概念中，首先是作者的价值取向。作者写成一篇文章，总是要表达自己的一种思想、一种情感，从中无不体现着自己的价值取向，这当然是毫无疑义的。我们要传达课文的价值取向当然也离不开对作者创作本意价值取向的探求。但是，作者的价值取向会不可避免地受到时间、空间的局限。特别是在今天，时代的前进、社会的发展，可谓一日千里，人们的价值观念也在随之发生激剧的变化。阅读前人的作品，对于作者的价值取向，既有认同、接受、赞赏的一面，也不可避免地会发生异义和碰撞。这是很正常的，体现了阅读的本质，即历史性读物总是在不断更新的阅读中生成出永不完结的意义。

第二节 影响小学语文课堂有效教学存在问题的原因分析

一、主观因素

（一）教师的师德建设需要加强

受传统"师道尊严"的影响，很多教师觉得自己是课堂中的绝对权威，对学生的发言不够尊重，导致师生对话不平等。很多老师仅仅把教育教学当成一种谋生的手段，把学生当成自己的工作对象，把教学当作任务，把教室当作混日子的地方，这样的教师缺乏责任感、进取心和事业心，这样的工作态度和职业认识，无法让老师全身心地投入到教育教学中，提升自己的能力水平，也根本没有心思追求课堂效果。

（二）教师的业务素质亟需提高

由于我国教育呈现的规模性特点，以及教师素质参差不齐，从教育变革和教改推进整体看确有些缓慢趋势，以致直到今天仍然有一些老师，不能通过对教学双边活动的优化调控最大限度地兼顾知识传授与时间效益的协调，只能用强调刻苦勤奋，增加学习时间，靠死记硬背、重复积累、题海战术等方式单纯换取学生对书本知识的机械接受，不顾教学规律和学生生理、心理特征，固守传统的教学观念，以自己的尽职尽责一厢情愿去大灌猛灌，虽然有时也在努力反思怎样通过改进教学设计和帮助学生改进学习方法等途径减轻学生学习负担，提高教学质量，但是因为自身能力素质、习惯性观念与手段等缘故，总是应对乏术。

二、客观原因

（一）教育教学环境的变化

时下学生家长忙于生计，造成大量"儿童留守"和监管乏力；"读书无用论"乘势横行无忌，沉渣泛起；改革开放的大环境让一些新思想、新观念无序地灌输到这群年龄幼小而又懵懂无知的孩子心里，很大程度上助长了他们的不知天高地厚。

由于区域性教学资源的不均衡配置和教育"产业化"带来学校自主招生办学的恶性竞争，严重挫伤了师生双方对执教求学的热情。升学率就是竞争声誉，培优补差应运而生！

（二）教师培训环节走过场

因过分强调教师培训的形式，忽视了培训的有效性，忽视了教师教学基本功的锤炼，忽视了教师教育基本素养的提高，忽视了对教师基本教育理论的培训，在教育主管部门的很多强制性要求下，教师们只是忙于一些应付式的培训。显然，教师在学生的心理成长规律、学习特征、能力发展等方面没有给予足够的关注和重视，那么他的课堂徘徊于传统课堂的"囹圄"之中也视为正常，教学中难免会充斥着大量的、无意义的、无效的教学活动。

第九章　改进影响小学语文课堂有效教学的实施策略

第一节　制定有效的教学目标

一、知识与能力目标

从小学语文教学来讲，小学语文教学的目的，正如 2011 版小学语文新课程标准所提出的"小学语文教学应立足于学生的发展，为他们的终身学习、生活和工作奠定基础"。学生的发展应是全面的，就是要全面激发学生的语文素质。这里要对语文素质做一全面理解。语文素质应包括：语文能力；做人的良好性格和思想、品德、情感、习惯；良好的思维品质及思维能力；中国和世界优秀文化的积累及正确的审美观念；健康的心理素质。语文能力是小学语文素质的核心，培养学生的语文能力也是小学语文教学核心的目的任务。因为小学语文是工具学科，是基础工具学科，是表情达意的工具学科。小学语文就是儿童学习语言的学科，对小学生来说，学习语文就是要掌握祖国的语言工具。

二、过程与方法目标

知其然，还需知其所以然。有效教学强调人对于探究过程的独特体验，对学习方法的掌握和运用，鼓励孩子个性思维和创造性思维的发展。

（一）注重学生主动的探究行为，而非被动的接受行为

教学中应以学生为主体，教师只是教学活动的组织和引导者，而不应该处于教学的中心位置。在实际的教学活动中，教师要教在学生不懂之处，而不是在大部分学生已知的知识点上喋喋不休。教师可提出问题、创设情境，激发学生学习兴趣、好奇心、求知欲，引导学生以良好的状态进入学习活动。

（二）注重学生自主合作的探究，而非孤立无援的自学

倡导以学生为主体的教学，不是让学生孤立无援，也不是让教师在课堂里不作为。合作学习是一种能力，团队协作是一种精神，有利于论题的发掘、问题的解决、个性思维的发展、分工合作的开展。同一件事物观察的角度不同得出的结论也不同。百家争鸣、百花齐放才有利于学生思辨能力的拓展提升。一个大的论题在有限的课堂时间空间中如何解决，在团队合作的过程中，在分工协作的互动中，学生的团队合作精神也会得以锤炼，更加在无形中培养了尊重、友爱等品质。

三、情感、态度与价值观目标

情感、态度与价值观目标是三维目标中的高级目标，也是一个隐性的目标，难以量化，目标达成的效果也无法直接检测。但是，语文教育是人文教育，影响着学生人生观、价值观乃至世界观的形成，所以这个目标的实现对于学生人格的影响具有长远意义。

现行小学语文教材选编的课文内容丰富，主题涉及自然、科普、人物、情感等许多方面。每一篇课文都是作者情感的产物，暗藏着作者对自然的探索或人生的思考。但是，小学生生活经验不够丰富，理解存在困难，需要教师精心地挖掘才能理解和感受。所以教师在教学中应该把握教材，结合学生经历，通过打比方、讲故事、谈体会等方式让学生领悟其中蕴含的情感。

第二节 选择有效的教学行为和组织形式

一、对话活动的有效性

语文作为实用性的学科,具有表情达意、传递信息的作用。以班级授课制为主要教学形式的中小学,听与说在课堂教学中扮演着极其重要的角色。学生学习语文应该具备口语表达能力和倾听理解能力。

在训练学生的口语表达能力上,我们一般采取以下 3 类做法:

第一,诵读训练。包括朗读、朗诵、背诵等几种形式。通过朗读可以培养学生敏锐的语感。在教师指导和自己反复练习的基础上,可以加入自己对文本的个性化体验,进而将朗读艺术化,即朗诵。熟读成诵,可以积累大量的语言材料,强化记忆能力。

第二,独白训练。教师指导学生在一定的要求下独立而连贯地进行大段文本的口语表达训练。一般表现为复述课文、讲故事、即兴讲话、口头作文等。例如在理解课文内容的基础上把握文章脉络,小学语文课本中,大多数课文文质兼美,层次清楚,中心明确。读课文时,必须读懂内容,抓住中心。如果这一点做不到的话,你的阅读就是无效的。

第三,对话训练。对话就是在课堂上同老师或同学面对面进行交流的训练,包括问答、讨论等形式。

二、合作学习的有效性

合作学习的有效性是以合理的小组设置为前提,以科学的运作过程为基础,以学生创造力的提升为归宿,以有效问题的探讨为保障的。

第一,有效分组应该根据学生实际状况和教学内容而开展。小组成员的个性、爱好、水平等因素的不同,将直接影响着小组合作学习的展开。一般地,学生自发形成的小组学习责任心强,自觉性高,探究、交流的氛围好,规避了组内个别学生"一言堂"的缺陷。他们有上进心和荣誉感，与别的合作小组之间能形成比、赶、超的良好竞争氛围，为小组全面投入、有效学习拉开了序幕。

第二，有效目标必须具体、明确，符合学生实际，体现教材"双基"。参与式课堂实践证明，如果制定的学习目标不明确，学生就会无所适从，导致合作学习的环节无效。如果讨论的问题过易或者过难，就会影响学生学习的兴趣和效果。论题简单，一部分优生会觉得没有探究的劲头，而脱离小组，去做其他的事情；论题深奥，中下等的学生会觉得费力吃力而丧失信心，造成组内秩序混乱。所以，具体明确的目标是小组有效合作学习的根本保证。

第三，科学运作离不开教师的适时组织和适当引导。由于合作学习是以群体为单位，要形成合力、各司其职、全员参与，就需要教师的及时指导和组长的正确领导。小学生年龄小，自控能力差，还没有足够的与人合作的技巧和能力，良好的学习习惯也尚未完全形成。所以在合作学习前，教师要明确目标、细化责任、提出建议。在实施合作学习中要时刻关注、随机指导、及时反馈。在完成合作环节后，应该及时评价、拨乱反正、提出要求，让学生渐渐地学会倾听、学会尊重他人意见、学会主动客观地表达自己的意见等。在合作学习中，教师必须注重组织中的引导、学习程序上的引导、学习方法上的引导。

第三节　落实有效的教学环节

有效的教学环节包括教学活动的方方面面，本节仅选出教学设计、媒体使用、教学反思3个重要环节来说明一下。

一、有效教学设计

一要设立细化目标方便落实。教学设计中要重视课时目标的设置，因为课时目标是有效教学课堂实施的蓝本。虽然在课堂上有生成，即我们预设不到的情况发生，但是我们仍然应该根据自己的经验，包括对学段要求的把握、对单元主题的理解、对编者意图的思索、对学生情况的了解、对课文重点的甄选等方面来确立自己的教学目标，并细化到每一课时，落实到每一举措上。这里的单一目标是细化、分层的教学目标。譬如，识字应包括字的音、形、义的识记，读文应包括读正确、读流利、读出感情。有效课堂教学中的"效"简而言之是实效。我们对于一堂语文课是否有效的衡量标准就是看是否达成了预设的目标要求，以及是采取何种方法达到这些预设的标准的。所以细化的目标有可行性，方便落实，便于考查。

二要体现学科特点分层落实。语文的学习是一个积累的过程。古人云："学文如积沙"，说的就是文科的学习要一点一滴地积累、日复一日地渗透、耳濡目染地熏陶。一些教师的语文课常常贪多求快，容量太大，学生跟不上、学不会、效率低。譬如，阅读教学是语文教学的重中之重，低段的教学先应该是对词句搭配运用的掌握，中段的教学注重句群和段落概念的渗透，高段的教学要求对谋篇布局的了解。

三要将课堂主动权留给学生。要让学生学得有趣味，关键在于让他们品尝参与的乐趣、体验探索的经历。在教学的过程中，教师不要自问自答、自导自演，忽视了学生主观能动性的发挥，扼杀了课堂生成的出现。因为教师是帮助学生走进文本的引领者，学生是主体，文本是客体，教师是两者之间沟通的桥梁。教师的预设要充分地考虑到学生特点、文本重点、学习难点等。忽视了学生的课堂不会是有效的课堂，离开了文本的学习是无效的学习。

二、有效媒体使用

当前小学语文课堂教学中的媒体使用主要存在以下问题：一是课件限制教学流程，只能按预设展开教学各环节。课件的操作、演示、讲解，按部就班程式化，想方设法将课堂进程框定在课件中，千方百计引导学生"入套"或"上钩"。二是课件信息容量过大，不断点击鼠标向学生"狂轰滥炸"，将与课文内容有关的材料悉数呈现，影响了学生对课文内容的理解、接受。三是以直观画面诠释文本内容，以动画视频替代学生阅读，内涵丰富、意味隽永的语言文本变成了华丽浮躁的声像展示，剥夺了学生自己感悟语言文字的机会，扼杀了学生的想象力和创造力。四是课件过于追求华美形式，花哨信息干扰了教学对话。凡与教学内容沾边的图像、录音、彩色背景、立体文字、三维动画全部拿来，分散了学生的感官注意力，抑制了学生深层次的思维活动。五是过于轻视传统板书。一堂课下来，黑板上空空如也，教学重点、难点不着一字；课件展示完毕，学生对教学内容如过眼烟云，难以留下深刻印象。

那么如何有效地使用媒体课件呢？针对以上突出问题，我们可以：一是根据学生的回答和预设中充分考虑到的课堂生成制作带有超级链接的课件，消除课堂过重的引导痕迹。二是带有统领性的问题可以出示在课件上，留足学生思考的时间。一些零散的问题不必一一罗列。要让学生学会看课本、用课本，在文本中自主地提取有用信息，而不是直接在课件中打出已经由教师甄选好的答案或语段。三是有效地利用语言直观、图片直观等方式帮助学生理解文本，而不是不加选择只要跟文章沾边就放在课件里，破坏语文课的语文味。四是课件的制作和运用应该注重语文"双基"的落实、文本重难点的凸现，简简单单教语文，踏踏实实求落实。五是要注意课件的呈现。由于时间、空间限制，这些文本重难点往往在学生的脑海中留不下印象，应该设计一些板书，帮助学生全面地了解课文。

第十章　职专生语文课程有效学习的理论与实践

第一节　职专生语文课程有效学习的理论基础

一、有效学习及相关概念的界定

（一）学习的概念界定

1.学习的定义

在我国，学习这一词，是把"学"和"习"复合而组成的词。最先把这两个字联系在一起讲的是孔子。孔子说："学而时习之，不亦说乎？"按照孔子和其他中国古代教育家的看法，"学"就是闻、见，是获得知识与技能的行为，主要是指接受感性知识与书本知识，有时还包括思的含义在内，其以增广见闻、丰富技能为基本目的。"习"是巩固知识和技能的行为，一般有3种含义：温习、实习、练习，有时还包括行的含义在内，其以熟悉知识和熟练技能为基本要求。所以学习就是获得知识、形成技能、培养聪明才智的过程，是由于经验或实践的结果而发生的持久或相对持久的适应性行为变化。实质上就是学、思、习、行的总称。

2.学生学习的特点

研究表明，学生的学习有着特殊的特点，主要表现为：

第一，学生的学习过程是掌握间接经验的过程，因此，它有别于人类认识客观世界的过程。而学生的学习总是从实践开始的，与人类的认识不同，他们可以将现有的经验、理论、结论作为学习的内容。基于此，在教学组织和教学方法上，就特别要求教师能把学校学习与实际生活和学生的原有经验相联系。第二，学生的学习是在有计划、有目的和有组织的情况下进行的。学生的学习必须在有限的时间内完成，并达到社会的要求，因此需要在教师的指导下实现。由于教师既掌握所教知识的内在联系，又了解学生学习过程的特点，因此，能够保证在较短时间内，采用特殊有效的方法，帮助学生学会学习，完成掌握前人经验和建构自己的认知结构的学习过程。第三，学生的学习具有一定程度的被动性。学生的学习与人类学习一样，应该是一个主动建构的过程。但他们的学习又不是为了适应当前的环境，而是为了适应将来的环境，当学生意识不到他当前的学习与将来的生活实践的关系时，就不愿为学习付出努力。因此教师要注意用各种方法来培养和激发学生的学习动机，提高其学习的主动性和积极性。

（二）有效学习的概念界定

全国科学技术名词审定委员会审定公布的"有效学习"的定义是：由于经验或实践的结果而发生的持久或相对持久的适应性行为变化。有效学习是符合教育、教学原理的学习，它的目的是为了花更少的时间，学到的更多、更牢、更好，用正确的学习方式达到事半功倍的效果。

在语文课程的具体学习情境中，有效学习可以理解为学生积极参与到语文课程教与学中并自主而高效地获得新的知识、技能和增长能力的学习活动。它是以学生的学习效益和发展进步的程度为核心衡量标准，以学生学会学习、掌握有效的学习方法、养成良好的学习习惯和提升学习个体的文化素养为最终学习目标。

二、职专生语文课程有效学习的理论依据

（一）建构主义学习理论

建构主义是一种结构主义理念，最早由瑞士著名的儿童心理学家皮亚杰提出。建构主义教学理论强调学生学习过程的重要性，把学习看作是一个不断建构和持续发展的过程。建构主义学习理论认为，知识的学习过程即知识

的建构过程，知识是学习者主动构建的，知识无法通过教师向学生灌输这种方式完成。学习是一个主动建构、生成意义的过程，这一过程是学习者通过新旧知识间双向的、反复的相互作用而完成的。学习者不是被动地接收信息、被动地接受刺激，而是要在自己已有经验背景下，对它进行编码、加工，建构自己的理解，主动地运用已有知识经验对新知识、新信息的意义进行建构；同时，已有认知结构又会因新信息的进入而发生不同程度的调整和改变，变得更加完善。学习并不是简单的信息输入、积累、存储，而是新旧经验的相互作用，它同时包含了由于新旧经验的冲突而引发的观念转变和结构重组。以"建构"观念取代传统的学习是一种"反映"的观念，这更能体现学习的本质特征。

（二）多元智能理论

美国心理学家加德纳的多元智能理论指出，人类的智能是多元化而非单一的，每一个人都拥有包含语言智能、逻辑—数理智能、视觉—空间智能、音乐智能、身体—运动智能、人际关系智能、内省智能在内的 7 种智能。多元智能理论的精髓在于指出了人与人潜能的差异性与多样性，坚信每一个学生都是潜在的天才。因而"以个人为中心"的多元智能理论有如下几项原则：①学校教育必须以学生为本，学校教育的每项改革必须以学生的学习和发展为最大效益；②所有学生都有能力学习，具有多元智能和不同的发展潜质，学校教育应为每一学生提供均等的发展机会，建构一种可选择性的教育以适合不同学生的不同潜质、不同学习方式和不同发展需求；③学校教育必须以合作的方式和家长、社区建立密切的关系，以保证学生有机会获得广泛的学习与发展经验，使学生的学习与自身的生活建立真实而完善的联系。

多元智能理论倡导尊重个体差异、尊重个体发展，坚信每个学生都具有成功的潜力，为职专生提供了合适的发展条件，满足他们全面发展的需要。

第二节　影响职专语文有效学习的因素

一、课程因素

（一）语文课程地位低

职业学校旨在培养与我国社会主义现代化建设要求相适应，德、智、体、美全面发展，具有综合职业能力的社会主义现代化事业的建设者。也就是说，职专生在学习期间应该具有热爱社会主义祖国，能够将实现自身价值与服务祖国人民结合起来；具有基本的科学文化素养、继续学习的能力和创新精神；具有良好的职业道德，掌握必要的文化基础知识、专业知识和比较熟练的职业技能，具有较强的就业能力和一定的创业能力；具有健康的身体和心理；具有基本的欣赏美和创造美的能力。然而，很多职专学校在实际教育时往往片面夸大专业和技能方面的教学，而淡化甚至于忽视文化课的教学，致使传统的强势科目——语文这一学科沦为辅助课程，这种身价陡落，在升学教育中重主轻次的教与学的思维下，语文这门具有重要地位的基础课程便成了学校管理者眼中及学生心里可上可不上的学科。在这种基础学科无用论的主观意识干预下，多数学生便选择性地漠视语文等基础学科。

（二）学校实际安排学时远低于大纲要求课程学时

职专语文教学内容由基础模块、职业模块和拓展模块部分组成，其教学时数安排分别为：

基础模块：

教学内容		教学时数
阅读与欣赏	现代文	80～90
	文言文	16～22
表达与交流	口语交际	20
	写作	20
语文综合实践活动		24～28
总计		160～180

职业模块：

教学内容		教学时数
阅读与欣赏	现代文	12～14
表达与交流	口语交际	8
	写作	12
语文综合实践活动		32～36
总计		160～180

　　职专语文的教学大纲明确规定，职专语文必学的教学内容为160～180学时，选学的教学内容为32～36学时，按多数职校每周平均4学时的语文课程来安排则至少需要48个教学周以上，即需要1.5～2学年的教学任务。可惜的是，在以强化专业技能、扎实实践理论为教育教学主旨的职业学校里，作为基础课程的语文被边缘化，致使实际安排的学时远远低于大纲规定的课时。甚至于有部分职业学校仅仅给语文课程留出2个学期的教学课时，这种理论与实际学时数的差距，促使教师只能通过增加单位时间的教学容量，缩短学习特定教学内容的时间，甚至于偷工减料等方式来确保完成教学大纲教学任务，学生在这种超负压、赶工和粗略的教学模式下，体验不到学习乐趣，学习意志自然是不断弱化。

二、教材因素

　　语文教材是语文教育内容的载体，是借以实现语文教学目标、发挥语文教育功能的物质基础，它是教师进行教育教学、学生进行学习的重要依据。可以说，教材也是影响教与学成效的关键因素之一。然而，我们遗憾地发现，直至今日，职专学校的语文教材依然有着诸多不合时宜的地方。

　　（一）语文教材应突出教学理念和教学特色

　　为了凸显职专语文教材人文性和工具性统一的教学理念，职专语文将教材分为阅读与欣赏（现代文与文言文）、表达与交流和语文综合实践活动三大模块，而出于凸显职专教育语文职业特色的目的，教材在合理分配教学内容的同时也加强了表达与交流、语文综合实践活动等利于学生提升今后就业能力部分的内容。

（二）语文教材应针对不同专业的学生进行不同教学

职专学校教育教学的目标是为社会、企业培养所需的专业技术人才。在此基础上，它承认不同专业、不同职业岗位对人才要求的差异性。这种差异体现在语文教学上便是要求对不同专业学生的语文能力培养要有不同的要求。即针对这种不同职业岗位对人才要求的差异性合理选择提升相应专业语文能力的教材，进行有效的教学。

三、教师因素

我们发现，中等职业学校语文教师受了"重专业技能，轻文化课程"等偏执理念的影响，对语文课程教学的热情远不如普通高中的语文老师。具体体现为：

职业教育是义务教育的延续，它与普通高中教育一样，均是提升学生素质的教育方式，基于此，职业教育之于学生的培养应该从广博知识、提升能力和强化素质三方面入手。然而遗憾的是，基于职业教育是为社会培养各行各业的专业技术人才的功利性的目标，多数校级领导对于学生的培养总是片面地强调学生的技能培训，甚至于偏执地认为职业教育就是专业教育，因而在学生教育和培养方面便坚持以培养学生适应某一岗位的技能和技术等能力为主要目标，加上目前中等职业学校办学模式基本采用"2+1"模式（三年学制，两年理论学习，一年企业顶岗实习），总课时较以往减少三分之一，基于重主轻次的思维作用，在教学课时安排上，作为基础课程的语文科目在课时安排上便被缩减，教育教学成效也被忽略，致使教师教学无心，学生上课失趣，很难形成良好的学风，更别提有效学习了。

第三节　职专生语文课程有效学习的改进对策

一、改革教师的课堂教学模式

（一）转变轻视文化课的教育教学观念

要实现让职专生有效学习语文的目标，首先必须让师生重新意识到语文这门学科的重要意义——育人之基，成才之础。

我们知道，任何一部优秀的文学作品都反映的是作者创作当下或者是作者创作当下社会群众性心理趋势，是创作当下社会发展的缩影。因而在解读文本的同时，也是在了解创作当下社会之形势，在评判和借鉴创作当下社会发展和文化思维的心态，从而形成理性而丰富的认知观和文化观，真正实现在学中明辨是非、在品中修身立德之目的。另一方面，任何一部优秀的文学作品都是作者创作情态的真实反映，是作者对人生、事物认知的情感体验的有意识的挥洒与表达，正是这种挥洒，引领我们在生硬的文字中感到所洋溢着的那种或悲或喜或乐或苦的情绪，才能在与作者的交流中获得真诚的感动和心灵的宁静。让我们徜徉在美妙文字意境的同时，进入不同时空的诸多他人世界，习得为人处事的准则，感激正义能量的强悍，感悟个体人生之美妙，明晰智慧之无穷，获得超越有限生命之无限可能性。

（二）革新职专学校语文教材

语文教材是语文教师教和学生学的主要凭借，是教师进行教学、做好教书育人工作的具体依据，也是学生广博学识、增强语感、发展智力、提升文学素养、提高思想品德觉悟的重要工具。而现在通用的中等职校语文教材虽然淡化了以往语文教材听、说、读、写四项能力培养的模式，而着重从以理解为主的接受性学习、以欣赏为主的欣赏性学习和以探究实践为主的实践性学习三方面培养学生的语文能力。但是，由于语文教材语文能力培养的均衡性，致使不同专业学生学习语文出现了"不均衡"的弊端，影响了学生学习的成效。因而，革新教材，让教材有理、有用、有趣，是提高课堂教学质量、实现有效学习的物质基础。

二、改善学生的学习方式

崔允漷教授在《有效教学》一书里明确指出，发现学习是学生通过自己再发现知识形成的步骤，以获取知识并发展探究性思维的一种学习方式。其主要过程是学生自己从各种特殊事例中归纳出结论，并用之解决新问题。在发现学习中，学生的主要任务不再是接受知识，而是成为学习的主动参与者和知识的主体发现者；教师的主要任务也不是权威地传授现成的知识，而是为学生学习、发现知识创造条件及提供帮助。

学生利用发现学习进行学习时，至少有以下优势：

第一，促进智力发展。学生通过亲自发现去学习，可以使自己按照促使信息更迅速地用于解决问题的方式去获得信息。第二，激发学生的学习兴趣。发现学习具有刺激学生"发现的兴奋感"，使学生能真实感受到在获取知识的过程中脑力所付出的艰辛，所以，这种学习方法更能促发学生体会到探究、发现知识的乐趣，享受学习的快乐和成功的体验，从而将"要我学"的外部动机转化为"我要学"的内心需求，规避了习得性无助感，激发了学生的学习兴趣。第三，有助于保持记忆，增强学习效果。发现学习是使学生自身发现知识、整合知识并应用知识的学习过程，通过这一过程而形成的记忆，会因为学生的主体参与和探究实践具有丰富的"再生力"而得以长期保持。

当然，如果学生在学习中不具备发现需要、发现经验，并建立有效的假设等方面的条件，发现就会变成一种盲目的碰运气式的发现，学习便很难取得有效的效果。所以教师在指导学生应用发现学习进行学习时，一定要立足于学生的学情实际，合理合情地引导，实现有效学习的目标。

第十一章　职专语文教师备课能力与有效教学关系研究

第一节　职专语文教师备课概述

一、职专语文教师备课的内涵及特点

古人常说：凡事预则立，不预则废。同样，要想达到教学的有效性，先要实现备课的有效性。在调查和实践中可以发现，影响职专语文有效教学的因素很多，概括起来主要有以下几方面：

（一）生源

职专学生大部分是中考失利、不能被普高录取的学生，他们语文基础差，理解能力、认知水平偏低，学习态度不够明确，个别学生存在厌学情绪。学苗差，是职专语文教学面临的首要问题，它直接影响到教师授课水平的发挥。

（二）教师素质

职专语文教师个人业务素质参差不齐，责任心不高，存在"得过且过""做一天和尚撞一天钟"的心理，教师备课不认真，对学生存在偏见，把教学质量差归因于学生水平低，对学生未来的发展地位认识不准确，这些都直接影响到了教学有效性的开展。

（三）学校因素

目前大部分职专学校存在重专业课、轻文化课的现象。

综合起来衡量，生源和学校的因素是客观存在的事实，任何一位语文教师都改变不了这一现状。如果要提高教学质量，就只能从教师的自身入手，通过提高教师备课的有效性来实现教学的有效性。

二、职专语文教师备课的有效性

（一）学生如何掌握日常生活和职业岗位需要的语文应用能力

邓小平在他的《邓小平文选》第二卷中曾经说过这样的话："学生学的和将来要从事的职业不相适应，学非所用，用非所学，岂不是从根本上破坏了教育与生产劳动相结合的方针？"这段话用来概括职专学生语文学习的目的再精辟不过了。新修订的职专语文教学大纲这样诠释，"语文应用能力"的内涵，即"日常生活和职业岗位需要的现代文阅读能力、写作能力、口语交际能力，具有初步的文学作品欣赏能力和浅易文言文阅读能力"，通过教材均衡地分布在各模块的 3 个系列中，使"阅读与欣赏""表达与交流""语文综合实践活动"分则前后相连，合则相互为用，有利于形成综合能力。大纲只是笼统地指明职专语文这门课程的培养目标，事实上，学生所学的专业不同，他们在实际生活和具体职业岗位上所需要的语文应有能力也是不同的。

（二）教师如何全身心融入职业教育的价值追求

一节好的语文课，教师要能唤醒学生的生命意识，使他们感受人文情怀，增强科学意识，树立职业道德，激发创新精神，提高未来意识，在了解自身、发现他人、尊重他人的同时，学会关心、学会分享、学会合作。这是职业教育对语文教师的特殊要求，要达到这一目标，就要求职专语文教师要全身心投入到职业教育的价值追求中去。

做一名职专学校的语文教师，其实内心承受的压力很大。表面看，职业学校没有升学压力，很轻松。但是，当你身处其中，就会发现"教书""育人"在这里有多重要、多艰难。把一个求学上进的学生的语文兴趣调动起来是容易的，而把一个厌学学生的语文兴趣激发出来是艰难的；不需要组织课堂纪律去高质量地完成一节课是容易的，而要在不懂规矩玩乐逗闹的课堂上课，并且要有效地完成教学任务是艰难的；把一个身心健康的孩子培养成才是容易的，而要把一个消极厌世的学生教育成才是艰难的。"这样的学生要不要尽力去教，值不值得全心付出？"这是每位职专语文教师每天都要面对的困扰，只要你对自己从事的职业教育有一点责任心，你的内心就会这样痛苦挣扎，很艰难！如果说教师是阳光下最光辉的职业，那么，从事职教的教师则是不顾荆棘刺喉而泣血啼啭的夜莺。虽然很艰难，但是语文教师在备课时也要全身心融入到职业教育的价值追求中去，这是社会、企业赋予职专语文教师的使命。

第二节　职专语文教师备课能力与有效教学的关系

一、关于有效教学的研究和反思

（一）"有效教学"概述

（1）概念的提出。有效教学作为一个特定的教育教学研究术语是从国外引进的，由英文中的 Effective Instruction 直译过来。有效教学的理念源于 20 世纪上半叶西方的教学科学化运动，特别是在受美国实用主义哲学和行为主义心理学影响的教学效能核定运动之后，这一概念频繁地出现在英语教育文献之中，引起了世界各国同仁的关注。

（2）特定内涵。综观国内外学者对有效教学的界定，对于什么是有效教学，较为普遍的提法是：有效教学是指教师以尽可能少的时间、精力和物力投入，取得尽可能多的教学效果，从而实现特定的教学目标而组织实施的活动。

也有不少研究者用"教学的有效性"来表述有效教学的意蕴，指出教学的有效性是教学效果中体现出来的教师和学生共同活动引起学生身心素质变化并使之符合预定目的的特性。

（3）基础理念。"教"是为了"学"。学生是学习的主人，从学校教育的实质来看，学校教育是为学生的发展提供优质的条件。因此，可以说教学应该以学生的学习为基础，有学者提出的"学习中心论"可以说是有效教学的基础理念：

①"学习中心论"主张建立"教""学"并重，教师主导和学生主体有机结合的现代教学基本关系。教学过程是教师和学生两类主体在一定条件下的相互交往活动过程，教学以学生的学习为中心，既重视调动学生学习的积极性、主动性，又重视发挥教师对教学的指导、组织和控制作用。

②"学习中心论"主张建立平等合作、教学相长的现代教学的师生关系。师生关系的实质和核心是学生观问题，学习中心论涵盖了现代教育教学的学生观。它确认了学生是独立的、完整的生命体的全人；确立了学生是教育教学实践的主体；认识到学生是未成熟待发展的青少年，教学应遵循儿童身心发展的规律。

（二）借鉴与思考

综观以上研究，借鉴前人思想，反观现实教学，提几点思考：

（1）有效教学综合体现了教学适应性和教学有效性的辩证关系，是最大限度地体现和实现教育的功能。

教育影响人，从而影响社会。评价一个时代的教育得失，人们找到了"有效"与否这个尺度。目前所界定的有效教学就是以教学活动取得某种结果、达到某种目的、满足某种需要作为教学是否有效的价值判断标准。有效教学就是追求教学有效率、有效果，两者综合为"有质有量"，即有教学效益。

（2）有效教学是最大的"以人为本"，是最好的"人文关怀"。

有效教学从"教"的层面上来看，所谓的"有效"即追求教师单位时间内教学行为效益的最大化；从"学"的层面上来看，所谓的"有效"又要体现学生单位时间内学习活动效益的最大化。很显然，这双重要求不能人为割裂，两者应相辅相成。从教学的本质而言，"教是为了不教"，所以学生学习活动效益的最大化才是有效教学的生命所在。所以，有效教学始终关注学生的进步与发展，学生才是真正体现教学效果、效率、效益的主体。这种有效教学观时刻提醒着我们反思教学的双边关系，"因学论教"是前提，"重教促学"是手段，"以教促学"是提高。

二、职专学校的语文有效教学

（一）职专语文有效教学的意义

中等职业教育是我国职业教育事业中的重要组成部分，培养的是同 21 世纪我国社会主义现代化建设相适应的，具有综合职业能力的，直接面向生产、服务、技术和管理第一线工作的中等应用型专门人才和劳动者。根据教职成〔2005〕1 号文件《教育部关于加快发展中等职业教育的意见》，到 2007 年，中等职业教育和普通高中教育规模大体相当，这就意味着职专教育将承担起培养与普通教育数量相当的国民的重任，其教育对象的素质直接关系到我国经济发展中基层技术人才的后劲，关系到各行各业劳动者的素质，关系到整个中华民族的整体素质，关系到整个国家的前途和命运。因此，日益步入了高速发展轨道的中等职业教育，必将被寄予更高、更多的期望。

结合职业教育的发展，客观审视中等职业教育的功能和目标，我们认为中等职业教育要全面贯彻党的教育方针，转变教育思想，树立以全面素质为基础、以能力为本位的新观念，培养具有综合职业能力，在生产、服务、技术和管理第一线工作的高素质劳动者和中初级专门人才。与此同时，加强文化传承功能和全面育人功能的实现，以人为本，帮助学生形成科学的世界观、人生观和爱国主义、集体主义、社会主义思想以及良好的职业道德和行为规范；形成基本的科学文化素养，掌握必需的文化基础知识、专业知识和比较熟练的职业技能，具备继续学习的能力和适应职业变化的能力；具备创新精神和实践能力、立业创业能力；具有健康的身体和心理；具有基本的欣赏美和创造美的能力。

（二）职专语文有效教学目标

注重语言积累，掌握必需的语文基础知识，锻炼够用的语文基本能力，打好语文应用基础，奠定文化传承基础。

语文作为一门独立的学科有其自身的知识体系，沿用"双基"的理念，主要就是语文基础知识和语文基本能力。

　　语文基础知识包括关于语言和言语、文章和文学的知识，主体为听、说、读、写的事实、概念、原理、技能、策略、态度等。

　　语文基本能力即指用语言文字进行理解和表达的双向交流能力，是指个体与他人交往时能顺利完成某种语文活动所具备的必要的心理特征的总和。从交际功能来看，语文能力的结构由听、说、读、写四大能力组成，也叫口语交际能力和阅读写作能力。

第十二章 职专语文应用文写作有效教学

第一节 职专语文应用文写作教学的现状及问题

一、语文教师的教学热情和学生的学习兴趣问题

对于应用文写作课，广大职专语文教师的教学积极性不高，学生的学习兴趣也较低。

一方面，相对其他文体，应用文写作教材内容较为固定，大多采用从概念到特点，到类别，到结构与写法，到例文，再到练习的编排方式。比如，由人民教育出版社、课程教材研究所、职业教育课程教材研究开发中心共同编著的 2005 年 11 月版《语文（必修）》教材，每一单元中的应用文写作基本如此，少数范文后面还有分析性、解说性文字。学生认为，完全可以通过自学掌握应用文的写作知识，而不需要教师的再度解说。于是学生听得随意，主观上产生强烈的潜意识，认为这是简单易学的知识，上课不听也无所谓。

另一方面，对于教师来说，应用文文体知识至上、语言学习为下的观点根深蒂固，而这些文体知识学生完全看得懂、记得住，所以，广大语文教师在进行应用文写作教学时，总觉得教学内容没什么可挖、没什么可讲，或者认为，不如文学类文章教得有趣、教得有劲，再加上高职考试中的作文部分基本不含应用文，所以教师对应用文教学的积极性普遍不是很高。表 12-1 是浙江省 2003—2007 年高职考试语文学科的作文题目：

表 12-1　浙江省 2003—2007 年高职考试语文学科作文题目

年份	题目内容	体裁分析
2003	小作文：等人的经历每个人都有，等待的心理是复杂多样的，表现心理的方法也是丰富多彩的：可以直接倾诉，也可以用感觉来表现，还可以通过语言、行动等间接显示……请以"等人"为话题，写一则情境作文，字数 200 字左右	记叙文、描写文

续表

年份	题目内容	体裁分析
2003	大作文：某地进行"南瓜品种大赛"，有获奖者把获奖的种子毫不吝啬地分送给街坊邻居。有人说他傻，花了大量的实践和精力培育出来的种子，就这样白送给了别人。而他却认为，这样做其实也是在帮助自己，因为大家的田地毗邻相连，如果自己的南瓜接受了邻人田地较差品种的花粉，那么就会影响自己南瓜的质量。请以"竞争·合作"为题写一篇文章。要求：立意自定，文体自选，题目自拟，不少于 600 字	议论文
2004	1998 年 2 月，意大利广泛流传着这样的诗句：除了微弱的哭声/他在这个世界上/似乎什么也没有留下/他不会说话/不会走路/甚至不会思维/他什么也不会/然而/他留下来却是对他人/对生命永恒的爱/他不认识任何人/甚至他的母亲/可是千家万户的人却永远怀念他/赞扬他……诗歌歌颂的是一位"为了死亡的诞生"，仅在世间存活 2 个星期名叫小卡贝利的男孩。他在母亲的腹中已被判定脑部存在严重缺陷绝无成活可能，可父母决定生下他，为其他有器官缺陷的新生儿贡献宝贵的器官。于是便有了这首震撼人心的赞美诗。请以"生命"为话题，写一篇文章，题目自拟，不少于 600 字	论文或记叙文或散文
2005	请以"共享阳光，分担风雨"为话题写一篇文章，题目自拟，体裁不限，700 字左右	议论文、记叙文、散文
2006	阅读下面材料，根据要求作文。关于人生的内涵，在中国的词典上大多是这样解释的："人生是指人的生存以及全部的生活经历。"但在美国的教科书上却被标示为："人生就是人为了梦想和兴趣而展开的表演。"请以"生存"或"表演"为话题，也可以将这两个话题合为一个话题，写一篇文章。要求：立意自定，文体自选，题目自拟，不少于 700 字	议论文、记叙文、散文
2007	阅读下面的几条格言，请任选其中的一条写一篇文章：（1）寻常的山花凋谢了，还会才开，而我们的青春却一去不复返。（2）所有的青春都来吧，让我们编织你们，编织出最美的璎珞。（3）把每一个黎明看作是你生命的开始，把每一个黄昏看作是你生命的小结。（4）谁虚度年华，青春就要褪色，生命就会抛弃他们。要求：（1）自命题目；（2）自选文体；（3）不少于 700 字	议论文、记叙文、散文

续表

年份	题目内容	体裁分析
2008	阅读下面的材料，按要求作文：明朝御史张瀚参见都台王廷相时，王廷相给他描述了一桩见闻：昨日乘轿进城遇雨，有个穿新鞋的轿夫，他从灰厂到长安街时，小心翼翼，择地而行，唯恐弄脏了新鞋。进城后，泥泞渐多，后来一不小心踩进泥水，便"不复顾惜"了。王廷相说："居身之道，亦犹是耳，倘一失足，将无所不至矣！"张瀚听了这些话，"退而佩服公言，终身不敢忘"。后来，张瀚升任明朝吏部尚书，建树颇多，与他牢记这一道理不无关系。这是王廷相告诫张瀚为官之道，其实这也是为人之道。巴甫洛夫也说："原谅自己，就是堕落的开始。"万物之发端比于"一"，能否保持清醒的头脑，理性对待"一"，对每一个人都是严峻的考验。请根据这段文字，选择一个角度写一篇文章。要求：（1）立意自定；（2）文体自选；（3）题目自拟；（4）700字左右	议论为主
2009	阅读下面的文字，按要求作文。傍晚，园丁到花园散步，惊讶地发现几乎所有的花草树木都郁郁寡欢，缺乏生机，询问之后才知道，橡树自怨没有松树俊秀，所以感到遗憾；松树又恨自己不能像葡萄那样多结果子，因此显得郁闷……而在花园的一个角落，有一棵小草，却在夕阳中开着灿烂的花朵。园丁欣喜地问："你那么渺小，为何却能开出这么美好的花朵？"小草微笑着说："我不是橡树，也不是松树，我只是一棵小草，所以，我就尽力地开好我这朵花，快乐地做好我自己。"根据上述材料，写一篇700字左右的文字，立意自定	议论文、记叙文、散文

根据以上高职考试作文题目的要求，写作体裁基本上都属于议论文、记叙文、散文的范畴，与应用文写作无关。这就严重打击了职专语文教师教授应用文写作的积极性，很多教师认为教了也没用，于是在教学过程中有意无意地删减应用文写作的教学时间，或者在应用文写作教学中忽视了教法的归纳与改进，导致应用文写作教学有效性的降低。

二、职专语文应用文写作课堂的教学效率

应用文写作教学总体上效率低下。具体表现为：教师教学模式呆板，教法单一；学生思维不活跃，学习方法简陋。

教师缺乏应用文写作教学的相关理论知识，相对成功的教师多出于经验式的总结，总的来说，大多习惯于概念、特点、种类到结构与写法逐条逐项文体知识的讲解，这实际上属于灌输式的教学方式，也就造就了应用文写作课枯燥乏味的面貌。比如，在教授公文类应用文"通知"时，很多教师都先对课文上的范文进行分析，从公文标题的写作习惯入手，逐项讲解。以下是一次听课记录的片断：

教师先是导入课堂：这节课我们学习"通知"。

然后教师提问："通知"是一种公文，什么是公文？

学生思考并回答：公文是国家行政机关在处理公务活动时所用的文书……

教师继续发问：那么"通知"有什么用途呢？

学生回答（是看了书本之后）：通知是批转下级机关公文，转发上级机关或不相隶属机关公文，发布规章，传达事项和任免人员时所使用的公文。

教师继续提问：那么，"通知"有什么特点呢？

学生继续回答：……

在分析完"通知"的概念、特点、种类之后，教师才正式讲解"通知"的写法。而实践性很强的有关"通知"写作方法的知识点的教授，依然是在这样的问答中进行的。

教师继续问：同学们，公文的标题应包括哪几项内容？

学生回答：发文机关、事由和文种。

教师继续问：那么，这篇"通知"的发文机关、事由、文种分别是什么？写作的时候要注意什么？

学生回答：……

在分析了"通知"的标题写作方法后，接下来，教师又对"通知"的上款、正文内容、结束语、落款等部分知识进行提问。最后，全体学生和教师

共同归纳"通知"的写法。但实际上，教材对此已经做了详细地说明，其实根本不需要教师多加解释。所以，学生学习的兴趣实在不高，主动参与的人很少，课堂气氛沉闷。

另一方面，职专学生中很大一部分在应用文写作课堂中存在着思维活动不积极的状况，他们习惯于"饭来张口"被动的接受式的学习方式，不少学生还停留在低龄阶段的机械式的记忆方式，对理解型、能力为主的知识要点缺乏有效的学习方法和丰富的学习经验。所以，不少语文教师反映，职专学生在应用文写作课堂中主动参与的意识淡薄，学习行为习惯较差。

职专学生在应用文写作课堂上也很少进行实践操作活动，就算是真的进行课堂写作实践，也大多是机械地模仿范文，很少进行"所以然"的深究，所以课堂上昏昏欲睡、注意力不集中的现象时常发生。我们发现，在应用文写作教学的课堂上，学生纪律明显较差，趴在桌子上打瞌睡、与同学说话等情况较为普遍。这些现象都深刻地反映了中职语文应用文写作教学效率低下的事实。

第二节　影响职专语文应用文写作教学有效性的因素分析

一、影响职专语文应用文写作有效教学的客观环境因素分析

（一）制约职专学校应用文写作有效教学的硬环境因素分析

硬环境主要是指包括学校、教室、实验室等在内的教学设施和以座位编排、班级规模等为内容的空间环境。职专学校与应用文写作教学密切相关的教学设施、教学空间等硬环境我们往往有所忽略。

职专学校语文课程中的应用文写作涉及多种文种的写作，比如调查报告、启事、计划、总结、申请书、演讲稿、开幕词、通知、报告等。这些文种都是在特定情况下选用的，每一种都有自己的适用范围。调查报告需要针对具体的问题，调查具体的对象，所以也就需要我们提供给学生切合他们实际水

平的调研场合；演讲稿需要在公开的场合讲演才能了解文章是否成功，所以也就需要我们提供给他们一显身手的讲台；开幕词则应当是活生生的有声语言，而不是停留于纸上的死板的文字，所以学习的时候最起码应该通过直观视频、音画制品来体会，最好还能为他们创造登台发言的机会。

（二）制约职专学校应用文写作有效教学的软环境因素分析

软环境主要指学校文化、校园信息、校风、班风、群体心理等无形的非物化的教学环境。在软环境建设方面，整体上我们比较重视，比如通过校园文化周的建设构建学校文化氛围，通过严肃规章制度狠抓纪律来创建良好的班风。但是对于个别学科或者学科环节方面的软环境建设，比如应用文写作教学方面，我们就不大关注。

校园文化是学校精神文化和物质文化的统称，校园文化往往以生动有趣的内容、活泼新颖的形式，吸引了广大学生，从而较大程度地实现了学生的自我价值，促进了学生在知识领域、能力领域、情感领域的发展，最终促进了学生素质的全面发展。所以，它是有效教学不可或缺的媒介。对于这方面的建设，各地职专学校搞得不可谓不火，但这些文化建设活动大多是为展现学生专业技能、提高师生技能意识、体现职业教育特色而举办的，不可能将文化课程的内容提升到与专业技能相当的地步，至于包含在语文课程之内的应用文写作基本上与校园文化建设无关。

二、影响职专语文应用文写作有效教学的师生主体因素分析

（一）影响职专学校应用文写作有效教学的教师因素分析

1. 教师的应用文写作有效教学理念

语文教师的教学理念是开展应用文写作有效教学的指导思想，正确、合理、科学的教学理念是引导应用文写作教学走向高效的先决条件，是应用文写作教学有效性的基础。

学生主体论思想，即以学生为本，以学生的发展为目标的教育主体性思想。人的发展需要依靠主体性的发挥，学生的主体地位是在主体性发挥的过

程中体现的。只有确认学生的主体地位，才能激发出他们的学习主体意识与学习兴趣，才能发挥他们的参与意识与学习积极性。没有学生为主体的教育精神，不可能产生高效的教学行为和教学过程。过去的以教师为中心的"灌输"式的教学方式与有效教学的精神是完全背离的。"国外的研究表明，有效教学本质上取决于教师建立能够实现预期教育成果的学习经验的能力，而每个学生都参与教学活动是实施有效教学的前提。"（孙亚玲《国外课堂教学有效性研究》）并且，她认为，无论是布鲁纳的"发现"学习，还是奥苏伯尔的"有意义"学习，尽管主张各不相同，但是他们都十分"关注学生学习"，注重学生的主体性问题。所以，在实际的应用文写作教学中，我们为了避免教师的绝对优势而应该力显学生的主体价值。我们不能否认，"在知识上，教师是较多者，学生是较少者；在智力上，教师是较发达者，学生是较不发达者；在社会经验上，教师是丰富者，学生是欠丰富者"。所以，具体的语文课堂教学，应以教师为"主导"，学生为"主体"。

2.职专语文教师的应用文写作教学知识结构

由于职专学校目前对教师的学历要求较高，一般都为本科以上，本科以上学历教师所占比例很多学校都已达到70%以上。比如，据报道，江苏省目前职专学校教师本科以上学历已经达到80%以上，有些学校甚至硕士学位比例也已达到8%以上，而文化课教师往往都是正规的师范大学毕业，所以其具备的条件性知识和文化知识对职专教学来说是足够的。教学经验方面，则由于职专学校各专业之间的教师年龄层次差别不是很大，不同专业间不大可能出现语文教师教学经验迥然相异的情况。

（二）影响职专学校应用文写作有效教学的学生因素分析

学生是学习的主体，学生也是影响应用文写作有效教学的重要因素。职专学校学生的学习动机、学习习惯、语文素质及应用文写作知识方面的心理图式等情况是目前严重影响语文教师应用文写作有效教学的几个主要的学生主体因素。

职专学校由于生源的素质较低，因此给应用文写作等大部分课程的学习造成了不少障碍。近年来，高中生入学比例的不断升高，而职专学校的学生又多为普通高中挑剩后的，所以生源素质更差。下面，以浙江省富阳市 2007 年普通高中录取分数线（表 12-2）和 2007 年前三年普通高中的录取分数线（表 12-3）为例来说明这一问题。

表 12-2 富阳市 2007 年普通高中录取分数线

学校名称	计划生录取分数线	择校生录取分数线
富阳中学	580	559.5
富阳二中	538.5	520.5
新登中学	516.5	491
场口中学	476.5	450.5
市实验中学	451.5	440
永兴学校	510（指导性计划）	
普通高中投档控制线为 440 分（艺术类控制线为 352 分）		

表 12-3 富阳市 2007 前三年普通高中录取分数线

学校名称	2006 年		2005 年		2004 年	
	计划生录取分数线	择校生录取分数线	计划生录取分数线	择校生录取分数线	计划生录取分数线	择校生录取分数线
富阳中学	543.5	520.5	509.5	469	489	450
富阳二中	511	487.5	458	420	442	412
新登中学	480	445.5	439	397.5	424	374
场口中学	450	402	389	350	366	350
大源中学	417	400	363	350	353	350
万市中学	401.5	400	382	350	378	350
永兴学校	470		410（指导性计划）			
市实验中学	400		360（指导性计划）			

注：表 12-2、12-3 均来自富阳新闻网。

从表中我们可以看到，富阳 2007 年第一批 6 所普高最低录取分数线为 440 分（艺术类控制线为 352 分），市技工学校则不划统一的最低录取控制分数线。而普通高中的录取分数却不断攀高。

自然，由于学生语文素质低下导致应用文写作有效教学的困境更趋明显。

另外，学生应用文写作心理图式则是另一个影响应用文写作有效教学进程的重要因素。心理图式也就是个人已有的知识结构，学生的应用文写作心理图式是学生对应用文写作全部知识和经验的心理积淀。如果要实现应用文写作的有效教学，就必须以学生一定的应用文写作心理图式为基础，可是，大部分学生是缺失的。原因有二，一是中考出题不以应用文写作为作文重心，一般只考记叙、议论、描写或抒情性文体，这使得广大学生和教师都忽略了应用文的写作，导致应用文写作知识的淡化；二是初中和小学阶段的学生，生活中基本不会涉及应用文体的写作实践，这导致应用文写作技能的弱化。两者叠加，使得职高阶段的学生在学习应用文时就已经出现应用文写作知识背景的断位了。

参考文献

[1]吴中豪.小学语文课程与教学论[M].北京：北京师范大学出版社,2003.

[2]倪文锦.小学语文新课程教学法[M].北京：高等教育出版社,2004.

[3]董蓓菲.小学语文课程与教学[M].杭州：浙江教育出版社,2003.

[4]诸葛彪.小学语文新课程教学法[M].南昌：江西高校出版社,2007.

[5]熊开明.小学语文新课程教学法[M].北京：首都师范大学出版社,2001.

[6]刘洁.小学语文教学策略[M].长春：东北师范大学出版社,2006.

[7]邱云.比较法教学在语文教学中的优势[J].安徽教育,1995(5)：7-8.

[8]张道明.基于古诗词特点的小学语文教学策略[J].教学与管理,2013(12)：39-40.

[9]潘晓彦.思维方式与诗词鉴赏[J].东北师大学报,2014(4)：12-13.

[10]翁玉玲.略论唐诗宋词中意象与意境的关系[J].电影评介,2007(17)：19.

[11]孙其芳.唐宋词概说[M].兰州：甘肃教育出版社,2015.

[12]孙芳芳,安晶.论小学古诗词教学中存在的几个问题[J].太原城市职业技术学院学报,2010(10)：23-24.

[13]黄济.教育哲学[M].北京：北京师范大学出版社,1985.

[14]孙培青.中国职业教育史[M].上海：华东师范大学出版社,1987.

[15]黄强.职业技术教育心理学[M].天津：天津人民出版社,1991.

[16]张正生.中国职业技术教育史[M].兰州：甘肃教育出版社,1998.

[17]李兴洲.中等职业学校有效教学[M].北京：外语教学与研究出版社,2010.

[18]张庆林.论知识有效学习的条件[J].湖南教育,1998(3)：7.

[19]靳健.语文课程与教学论[M].北京：中国科学文化出版社,2003.

[20]万福成,李戎.语文教育美学论[M].青岛：青岛海洋大学出版社,2001.